2023年

白俄罗斯

国内形势和对外关系

研讨会论文集

王宪举 主编　　杨丽萍 寿家睿 执行主编

当代世界出版社
THE CONTEMPORARY WORLD PRESS

图书在版编目（CIP）数据

2023 年白俄罗斯国内形势和对外关系研讨会论文集 /
王宪举主编；杨丽萍，寿家睿执行主编. -- 北京：当
代世界出版社，2024. 12. -- ISBN 978-7-5090-1849-1

Ⅰ. D751. 14-53

中国国家版本馆 CIP 数据核字第 2024FF7196 号

书　　名：2023 年白俄罗斯国内形势和对外关系研讨会论文集

作　　者：王宪举　主编

　　　　　杨丽萍　寿家睿　执行主编

出 品 人：李双伍

策划编辑：刘娟娟

责任编辑：刘娟娟　杨啸杰

出版发行：当代世界出版社

地　　址：北京市地安门东大街 70-9 号

邮　　编：100009

邮　　箱：ddsjchubanshe@ 163. com

编务电话：(010) 83907528

　　　　　(010) 83908410 转 804

发行电话：(010) 83908410 转 812

传　　真：(010) 83908410 转 806

经　　销：新华书店

印　　刷：北京新华印刷有限公司

开　　本：710 毫米×1000 毫米　1/16

印　　张：13. 375

字　　数：174 千字

版　　次：2024 年 12 月第 1 版

印　　次：2024 年 12 月第 1 次

书　　号：ISBN 978-7-5090-1849-1

定　　价：78. 00 元

浙江树人学院副校长 叶时平致辞

前外交学院党委书记、前驻白俄罗斯大使 崔启明致辞

中国（深圳）综合开发研究院理事、中白工业园首任首席执行官 胡政发言

中国社会科学院乌克兰、白俄罗斯、摩尔多瓦和波罗的海三国研究室主任 赵会荣发言

中国国际问题研究院欧亚所副所长 韩璐发言

兰州财经大学甘肃省白俄罗斯研究院中白经济研究所所长 万永坤发言

北京第二外国语学院欧洲学院副院长、
白俄罗斯研究中心主任 许传华发言

天津外国语大学副教授、欧洲语言文化学院副院长
付美艳发言

华东师范大学副教授、白俄罗斯研究中心主任
贝文力发言

大连理工大学教授、中白学院副院长
郭淑红发言

南京理工大学教授、 中－白真空等离子体技术
国际联合实验室主任 江晓红发言

中国现代国际关系研究院助理研究员
叶天乐发言

天津外国语大学白俄罗斯语专业负责人
邬波发言

上海社会科学院国际问题研究所助理研究员
张严峻发言

南京理工大学外国语学院副教授
刘丽秋发言

北京外国语大学俄语学院博士研究生
信晓东发言

浙江树人学院讲师、白俄中心研究人员
杨丽萍发言

浙江树人学院白俄罗斯研究中心主任
王宪举总结发言

研讨会现场

参会人员合影

代　序

在 2023 年白俄罗斯国内形势和对外关系
研讨会上的致辞

浙江树人学院副校长　叶时平

尊敬的崔启明书记、赵会荣主任、胡政理事，各位领导、来宾：

大家上午好！

"欲把西湖比西子，淡妆浓抹总相宜。"非常高兴能和各位专家学者齐聚美丽的西子湖畔，参加由教育部区域与国别研究中心浙江树人学院白俄罗斯研究中心举办的 2023 年白俄罗斯国内形势和对外关系研讨会。首先，我代表浙江树人学院向出席这次研讨会的各位领导、专家表示热烈的欢迎！并借此机会，向长期以来关心、支持我校建设与发展的各位领导、专家、各界友人，表示衷心的感谢！

浙江树人学院由浙江省政协创办于 1984 年，现有杭州拱宸桥与绍兴杨汛桥两个校区，占地 82 万余平方米，设有院士领衔的树兰国际医学院等 12 个二级学院，现有教职工 1350 余人，其中专任教师 1100 余人，博士 400 余人；在校生 1.7 万余人。办学 39 年来，走出了一条依靠社会力量办学的独特之路。2004 年时任浙江省委书记习近平同志来校视察，充分肯定了学校的办学道路并提出殷切希望。

学校自创办起就非常重视对外交流合作。目前已与相关国家、地区的 70 余所院校和机构建立了友好合作关系。白俄罗斯是东欧的内陆国家，拥有重要的地缘政治优势，是中国同欧洲扩大联系的窗口，是丝绸之路经济带建设的重要节点。白俄罗斯不仅是最早响应并积极参与共建"一带一路"倡议的国家之一，也是最早落实该项目的国家之一。1992年建交以来，中白两国关系发展顺利，高层互访频繁。2022 年双边关系已提升为全天候全面战略伙伴关系。中白工业园被誉为"一带一路"上的"明珠"项目，示范效应持续显现，将有力促进丝绸之路经济带和欧亚经济联盟的对接合作。

我校非常注重顺应国家发展大势融入同共建"一带一路"合作伙伴的交流与合作。自 2012 年与白俄罗斯开展合作以来，双方在科学研究、文化交流、师资培训、高端引智等方面合作广泛深入。我校先后与白俄罗斯国立大学、国立信息与无线电电子大学、国立经济大学、国立师范大学、国立波洛茨克大学、国立布列斯特工业大学，以及白俄罗斯国家科学院新材料化学研究所和信息问题联合研究所、软件俱乐部等高校和科研院所达成合作协议。

我校与白方的合作领域也从科技合作到文化交流不断拓展。与白俄罗斯多所高校开展了国家重点研发计划、中白政府间科技合作项目、国家自然科学基金国际合作与交流项目、国家"千人计划"、国家外国专家引进项目、浙江省引知项目等一系列国家、省部级项目的合作研发，获批了教育部区域与国别研究中心及浙江省中白遥感图像处理与应用国际科技合作基地。先后以国家"千人计划"、国家高端外专项目引进白俄罗斯高端专家 30 余人，合作开展 20 多项国家级科研项目及 10 多项省级研究项目，联合出版多部中、俄、英文著作，发表高水平论文 80 多篇，获得各项专利 20 多件。自 2015 年起，我校与白俄罗斯国立大学每两年共同举办"中白青年论坛"。2019 年 1 月，在由中华人民共和国教育部、白俄罗斯共和国教育部主办，大连理工大学承办的白俄罗斯教育年开幕式上，我校代表中方与白方签署了《中白青年论坛合作谅解备忘录》，至今已成功举办四届中白青年论坛。今年 4 月，李鲁校长一行访问了白俄罗斯驻华大使馆，特命全权大使尤里·先科接见了访问团，称赞我校与白俄罗斯高校的交流合作成果丰富，期待双方有更多新的合作关系与合作项目。

为更好地对接"一带一路"科技发展需求，2015 年学校成立了白俄罗斯研究中心，目前中心已成为教育部国别和区域研究中心、浙江省发改委"一带一路"智库支持单位、浙江省"一带一路"智库联盟成员。2022 年白俄罗斯研究中心聘请前中国驻白俄罗斯大使馆参赞、国务院发展研究中心欧亚社会发展研究所副所长王宪举担任中心主任。他带领中心举办和参与了中白两国政府和学术界一系列学术研究和交流活动，产生了广泛影响，部分研究成果已在期刊和会议上发表，并由出版社出版。

此次研讨会将进一步加深对白俄罗斯国内形势和中白合作的理解，审视新的发展机遇，探究新的合作空间。同时，希望各位领导、专家学者多多指导、帮助我校白俄罗斯研究中心建设，促进中心更好发挥智库平台作用。

再次感谢各位领导、专家、嘉宾莅临指导。祝研讨会取得圆满成功！祝各位身体健康、工作顺利！谢谢大家！

第二单元　中白文化教育科技等合作

第一单元

白俄罗斯形势和中白关系

2023 年白俄罗斯经济形势及前景

中国国际问题研究院欧亚所副所长、

浙江树人学院白俄罗斯研究中心客座教授　韩　璐

相较于 2022 年白俄罗斯经济的衰退，2023 年白俄罗斯经济可以说是苦尽甘来，在政府实施刺激性经济政策以及俄罗斯的坚定支持下，整体呈现积极复苏态势，而且未来三年这种态势还将持续下去。

一、2023 年白俄罗斯经济实现正增长

（一）国内生产总值止跌回升

根据白俄罗斯国家统计委员会数据，2023 年 1—9 月国内生产总值同比增长 3.5%，达到 1572 亿白俄罗斯卢布，约合 559 亿美元。除了农业、信息科技和交通运输业负增长外，其他经济领域都呈增长态势。白俄罗斯政府预测，2023 年全年经济将增长 3.3%，世界银行预测，将增

长 3%。

（二）实体经济总体稳定

工业、建筑业实现较大增长。2023 年 1—9 月工业总产值 1361 亿白俄罗斯卢布，同比增长 8.1%，对国内生产总值的贡献率达到 2.3%，而 2022 年同期是负增长 5.9%。从工业各部门数据看，制造业增长最快，达到 9.4%，是拉动工业增长的主要动力。同时，工业产品库存率下降，达到每月 67.4%。建筑业产值 64.26 亿白俄罗斯卢布，同比增长 8.7%。相对于工业和建筑业增长，农业表现欠佳，产值 239 亿白俄罗斯卢布，同比下降 1.2%。表 1 展现了 2022 年与 2023 年同期各经济领域增长对比。

表 1　2022 年 1—9 月与 2023 年 1—9 月各经济领域增速对比表（%）

	2022 年	2023 年
工业	−5.9	8.1
农业	4.5	−1.2
外贸	−6.5	14.8
交通运输	−16.5	−2.8
建筑	−12.2	8.7
零售额	−10.9	6.7
信息技术业	2.6	−15.8
固定资产基本投资	−18.1	11.9

资料来源：白俄罗斯国家统计委员会。

（三）拉动经济增长的"三驾马车"表现不俗

2023 年白俄罗斯外贸一改 2022 年负增长态势，1—8 月外贸总额为

541. 22 亿美元，同比增长 14.8%；消费扭转 2022 年的低迷状态，增长 6.7%；固定资本投资自 2020 年以来首次出现增长态势，达到 243 亿白俄罗斯卢布，约合 76 亿美元，同比增长 11.9%，占国内生产总值的 15.3%。这有利于推动经济可持续增长。

（四）金融稳定

2023 年 1—10 月白俄罗斯物价稳定，通胀率创历史新低，为 5.4%。其中，食品价格上涨维持在 2% 左右。外汇市场平稳，截至 2023 年 8 月 1 日，白俄罗斯外汇储备规模为 79.73 亿美元，白俄罗斯卢布汇率也相对稳定，对美元贬值 15%，年平均汇率为 1 美元兑 2.9 白俄罗斯卢布。

二、白俄罗斯经济复苏原因分析

为什么白俄罗斯经济会实现较大幅度增长？主要原因在于白俄罗斯经济的特点：宏观调控主导和对俄罗斯的高度依赖。从这两个角度来看，2023 年白俄罗斯政府实施了大规模刺激经济计划，俄罗斯则发挥了积极的推动作用。

（一）政府采取多项政策刺激经济

在 2023 年 3 月白俄罗斯政府经济工作会议上，白俄罗斯总理戈洛夫琴科谈及当年国家经济发展的三项关键任务，即保持实体经济部门工作稳定，实施积极主动的投资政策，解决居民最关心的重点问题，包括收入、住房、交通、医疗等。2023 年，白俄罗斯政府基本上围绕这三个方向开展工作。

第一，大力推动工业发展，主要是开展进口替代工作。2016—2022 年间，白俄罗斯实施了 2000 多个产品进口替代项目，工业本土化比例达到 68.9%。2023 年工业部又批准了 26 个进口替代项目，重点是汽车、农机、货车零部件和配件。1—9 月，创新性产品占比达到 46.3%。

特别值得关注的是，俄白联合实施的进口替代项目在白俄罗斯进口替代进程中发挥了重要作用，有力推动了白俄罗斯工业增长。2022 年 11 月，两国启动联合实施 16 个进口替代合作项目，白俄罗斯从俄罗斯获得 15 亿美元贷款，用于进口替代计划。其中，12 亿美元用于民用进口替代项目，包括汽车制造、农机制造、冶金等。另有 2 亿美元用于微电子领域的军事项目。2023 年 9 月又与俄方就 19 个有前景的进口替代投资项目达成一致，从俄罗斯吸引资金 720 亿俄罗斯卢布。与此同时，双方签署了统一工业政策协定，这无疑有利于白俄罗斯对俄罗斯的工业产品出口。2023 年 1—9 月工业产品出口增长 16.3%。

第二，加大投资。2023 年年初，卢卡申科总统下达指令，要求投资成为 2023 年国内生产总值增长的引擎，投资增长率应达到 22.3%。尽管这一指标没有实现，但 11.9% 的增长率已然是近几年的最佳水平。除中央财政预算投入外，还吸引了外国直接投资，2023 年 1—6 月达到 45 亿美元，主要投资者是俄罗斯（占所有外资的 57.1%）和塞浦路斯（20.2%）。白俄罗斯央行多次下调再融资利率，2023 年 11 月再融资利率为 9.5%，这一举措降低了信贷成本，增强了消费和投资活力。

第三，刺激内需。白俄罗斯国内需求扩大极大地支撑了经济增长。2023 年 1 月 1 日，白俄罗斯政府将最低工资上调 14.7%，达到每月 554 白俄罗斯卢布。同时，政府加大了对民生的支持。根据 2023 年财政预算支出，综合劳动预算（包括社会支出和军队养老金）增加 38 亿白俄罗斯卢布，总计 235 亿白俄罗斯卢布。2023 年 1—8 月居民平均工资增长 15.4%，实际可支配收入增长 5.1%，刺激了居民的消费活动。

（二）俄罗斯的有力支持

白俄罗斯经济已与俄罗斯经济紧密绑定，虽然这个特点导致其遭受西方对俄罗斯经济制裁的连带效应，但只要俄罗斯经济坚挺，白俄罗斯经济的基本盘就能稳住。2023 年俄罗斯经济预计增长 2.5%，这对白俄罗斯经济无疑起到保障作用。

第一，从俄罗斯获得低价能源。得益于俄罗斯支持，白俄罗斯国内油价、气价和电价低廉，有利于降低企业生产成本。2023 年 2 月，俄白签署至 2025 年天然气供应协议，俄罗斯对白俄罗斯天然气价格维持在 128 美元每千立方米，而且可以用卢布支付。

第二，俄白贸易持续增长。俄罗斯承诺取消所有白俄罗斯商品入俄限制。由于双方工业、农业、油气以及服务业合作的扩大，2023 年俄白贸易额达 530 亿美元，同比增长 6%。其中，白俄罗斯对俄罗斯的出口增长 37.7%，主要是农产品、农机、家电以及汽车零配件等平行进口产品。

第三，俄罗斯加大对白俄罗斯的金融支持。2023 年，俄罗斯在白俄罗斯的投资总额为 51 亿美元，与 2022 年相比增加了 12 亿美元。据白俄罗斯国家统计委员会统计系统协调与发展主要部门负责人介绍，2023 年，在白俄罗斯由俄罗斯投资的机构数量达到 2312 家，比 2022 年增加了 52 家。

第四，争取俄罗斯经济支持的同时，白俄罗斯也积极开拓国际出口市场，希望以此弥补在欧洲和乌克兰方向上的损失。2023 年，中国、印度、阿联酋、津巴布韦、伊朗等发展中国家都是其重点经营对象，特别是对亚洲的商品出口量增加了 1.6 倍。其中，2023 年中白贸易额为 58.3 亿美元，增长了近 97%，中国已成为白俄罗斯第二大贸易伙伴。

三、白俄罗斯经济发展前景研判

2023 年 10 月 2 日，卢卡申科签署两项总统令，即《关于 2024 年白俄罗斯社会经济发展预测的最重要参数》和《关于白俄罗斯 2024 年货币政策目标》。这两项法令确定了 2024 年白俄罗斯的经济发展目标，即国内生产总值增长3.8%，对外贸易增长7.6%，居民实际可支配收入增长3.5%，通胀率不超过6%。10月，世界银行也发布了对白俄罗斯经济的预测，预计该国经济在未来几年将继续增长，2024年增长0.8%，2025年增长0.7%。可以说，白俄罗斯经济已逐渐适应制裁的压力。未来一个时期，由于政府大规模投资和生产计划、居民收入增加、信贷条件放宽等因素，白俄罗斯经济将延续2023年的增长态势，但受制于国内外经济环境的负面因素，白俄罗斯经济将处于低增长区间。原因有以下几点：

（一）俄罗斯经济增速有限

鉴于全球经济增长放缓、西方经济制裁持续发酵、人力资源紧缺以及紧缩的货币政策等因素，未来两到三年俄罗斯经济增幅不会太大。俄罗斯经济发展部预测，2024—2026年经济平均增速将为2.2%—2.3%；世界银行预估，2024年俄罗斯经济增长率将为1.3%，2025年增速不超过1%。鉴于白俄罗斯对俄罗斯经济的依赖性，俄罗斯经济增长乏力也将影响白俄罗斯加工业的发展及其出口贸易增长。同时，白俄罗斯在俄罗斯市场还面临与其他国家的竞争，比如与中国的竞争，白俄罗斯家电、农机等产品出口减少将降低其对外出口收益。因此白俄罗斯提出，"非关税监管措施必须有效，并且要在俄罗斯市场上创造平等竞争的环境"。

（二）信息技术产业疲软

乌克兰危机爆发前，白俄罗斯信息技术业是国家经济发展的驱动力，但目前它对经济增长的贡献正在下降。2023年1—9月，白俄罗斯信息技术业产值缩减15.8%，对经济增长贡献率为1.1%。主要原因是乌克兰危机的爆发导致外国信息技术公司撤离白俄罗斯，信息技术业从业人员大量流失，仅2022年就减少2.2万人。白俄罗斯专家认为，信息技术业技术人员逃离白俄罗斯的现象还在继续。

（三）金融风险

2023 年白俄罗斯国内生产总值的增长仍是补偿性增长。白俄罗斯专家认为，2023 年即使国内生产总值增长 3.8%，白俄罗斯经济仍然无法达到 2022 年年初的水平。2024 年白俄罗斯政府将继续采取刺激性经济政策，这将导致高需求和国内生产能力不足之间的差距进一步扩大，也即工资增长超过劳动生产率增长，企业被迫提高产品价格，因而导致通胀加速。国内需求的复苏导致进口持续增加，而出口扩大的可能性则不大。这将使外贸盈余减少，白俄罗斯卢布贬值的风险增大。

白俄罗斯政党制度新发展

浙江树人学院白俄罗斯研究中心　杨丽萍

白俄罗斯的政党和政治制度于 1990—1991 年开始形成。虽受整个地区转型趋势的影响，但也有其特殊性。

一、白俄罗斯政党制度的新发展

截至 2023 年年初，有 15 个政党在白俄罗斯共和国司法部注册。司法部的承认和登记是政党开始在白俄罗斯政治体系中发挥真正作用的必要条件，但经法律批准成立的政党实际发挥的作用却较为有限。白俄罗斯的政治体系一直以来并不大力支持政党的发展。反对派人士指出，白俄罗斯人对任何政党的兴趣都不高，因此白俄罗斯很难再出现苏共时期的那种大规模政党。

2023 年 2 月 14 日，卢卡申科总统签署白俄罗斯共和国《政党和其他社会团体活动法的修正案》。该修正案加强了白俄罗斯的政党建设工作，提高了其自身效率以及与国家机关的合作效率，旨在进一步巩固政党在国家政治生活中的作用，提高公民参与政治生活的可能性和积极性。

《政党和其他社会团体活动法的修正案》的推行是白俄罗斯完善政党制度的一次尝试，也是面临新时期国际挑战的一次调整。

卢卡申科认为，白俄罗斯已经形成公民社会，白俄罗斯社会运动局、先锋联盟、妇女联盟、退役军人协会等各类社会组织和社会团体都是公民社会的重要组成部分。目前，以全白人民大会（Всебелорусское народное собрание）为中心的政治制度依旧是白俄罗斯未来政治发展的轮廓。同时，不同政治力量之间产生冲突后带来的社会动荡，使得政党建设推动国家发展的过程面临着不同的挑战。

白俄罗斯《政党和其他社会团体活动法的修正案》中有关政党制度变更的主要内容如下：

——将建立政党的最低人数门槛提高至 5000 人；

——必须在每个州和明斯克市建立政党组织机构，在全国各州至少三分之一的区和州下属城市以及明斯克市至少三分之一的区建立区和（或）市级组织机构；

——取消禁止由共和国或地方预算出资的规定；

——提高对政党创始人的要求，他们只能是长期居住在白俄罗斯并年满 18 岁的白俄罗斯共和国公民；

——至少每五年选举一次政党领导机构；

——每年从一个组织或公民处获得的资金和其他财产不得超过 1000 个基本值[1]；

——如果政党从事战争宣传、恐怖主义、极端主义或其他法律禁止的活动、损害国家和（或）公共利益的活动，以及从国外接收资金和其他财产，则有可能被取缔；

——确立共同的基本目标和宗旨，这些目标和宗旨应与各政党特有

---

〔1〕 自 2023 年 1 月 1 日起，在白俄罗斯 1 个基本值为 37 白俄罗斯卢布。

的其他目标和宗旨（确保宪法秩序和公民和睦的不可侵犯性，通过其代表参与政府，促进公民权利、自由和利益的实现和保护等）一起载入政党章程；

——随着 2024 年白俄罗斯议会下院和地方议会选举来临，各政党的活动也将更加活跃，有必要对全国政党进行重新登记。

二、白俄罗斯政党政治存在的问题

从目前看，白俄罗斯政党政治存在一些问题。

（一）白俄罗斯政党团结人民群众的能力不足

白俄罗斯的政治制度在 1996 年宪法改革的基础上发展而来，其主要特点就是政党的地位较低。白俄罗斯通过修改宪法，将议会选举的席位从按政党分配改成按选区分配，削弱了政党的力量，以至于在白俄罗斯至今仍未形成成熟的政党政治。政党在社会政治进程中所起的作用很小，在团结人民群众上的能力欠缺，群众存在一定的分散性。

（二）政党制度的创新能力不足

白俄罗斯在政治传统上一直视俄罗斯为对外政策的优先发展方向。卢卡申科的政治政策都与俄白一体化紧密联系。这与卢卡申科成长于苏联社会主义环境，对于社会主义制度具有深厚的感情存在一定关系。在一定程度上保留和发展苏联经验，保留工会和共产党的制度是白俄罗斯在政治发展道路上做出的历史性选择，但也相应的在一定程度上存在政党制度守旧，创新能力不足的问题。

（三）总统长期连任引发的社会性问题

在 2004 年第二次修宪后，总统任期限制被取消。在 2020 年总统选举期间，白俄罗斯首都明斯克以及全国范围内其他二十几个城市都爆发了大规模抗议活动，选举的公正性遭到了质疑。这场选举危机也引发了国际社会的关注，在一定程度上反映了白俄罗斯政治体制中的问题。

（四）国内外持续的反对意见

在当前形势下，白俄罗斯国内持不同政见反对派依旧动员和组织民众开展抗议活动。此外，在卢卡申科2020年连任时，以美国为代表的西方国家对于选举结果存在质疑，在很长一段时间内不承认其政权的合法性。

（五）政党众多，良莠不齐

白俄罗斯的政党数量多，在未重新登记前存在15—16个政党，且资质不一。有些政党靠国外资助以及补助金运作，背后没有人民支持，可能给社会带来混乱。还有一些政党在资金流转上存在资不抵债的情况。

（六）在俄乌冲突背景下，巩固民心的选择

俄乌冲突期间，白俄罗斯始终坚定地与俄罗斯站在一起，两国在政治、军事、对外政策上基本保持一致。但白俄罗斯国内对于卢卡申科所做选择的意见并未完全一致。政党制度的新发展也是俄乌冲突背景下卢卡申科巩固民心的一个重要举措。

卢卡申科在2021年便已经意识到白俄罗斯政党制度存在的问题。2021年2月11日，卢卡申科在接受俄罗斯媒体采访时，首次承认了白俄罗斯存在制度性问题，并表示愿意进行对话。他说："我不是不愿意与反对派进行对话。我只是不愿意与那些想要颠覆政权的人进行对话。"他还指出："我们需要改革，我们需要改变一些事情。我们需要改变我们的宪法，我们需要改变我们的选举制度。"

《政党和其他社会团体活动法的修正案》进一步规范了社会团体的概念，将原先含糊的以非物质需求为导向的界定方式进一步明确为"满足社会、经济、文化和其他利益相关的目标"，扩大了社会团体开展活动的限制清单，同时也保障了公民自愿结社以及参加社团活动的权利。对标民众的更多需求，社会团体拥有了更多的自主权。

该修正案还深化了国家和社会团体之间的合作。相较于之前规定的国家机构和官员不得干涉社会团体的合作，现行修正案允许国家向社会团体提供信息、方法和其他方面的支持。同时，社会团体也有机会参与国家机关的联合办公、公共咨询委员会的工作以及应邀参加地方执行机构和行政机构会议。

在俄乌冲突持续的背景下，《政党和其他社会团体活动法的修正案》可以进一步团结人民群众，以社团的形式反映民意，同时也给予社团发展更多的自主性，使白俄罗斯政党制度迸发更多活力。

三、白俄罗斯《政党和其他社会团体活动法的修正案》的进步性

（一）提高人民群众的参与度

《政党和其他社会团体活动法的修正案》对政党创始人提出的要求是长期居住在白俄罗斯并年满 18 岁的白俄罗斯共和国公民，对成立政党提出的人数要求是 5000 人，且需在全国范围内建立政党组织机构。这两方面规定的变更极大地鼓励了白俄罗斯青年参与政治生活，可以吸引优秀青年成为政治、经济、文化等领域的领导者，成为国家政治未来发展的中坚力量。广大群众也可以有机会就近参与当地的政党组织分支，参与政治生活。

（二）数字化办公的创新性

在政党建设的过程中出现了新的工作形式：通过电子化办公提交文件。不同于以往在集会和会议上见到组织成员的方式，现在可以通过数字平台与支持者沟通互动。此外，与政党有关的公开信息，会在司法部官网予以公示，做到信息公开。数字化办公可以简化政党工作的流程，提高效率。

（三）国家对政党发展的支持

国家将给予政党在信息、技术等其他方面的支持。国家对政党的支持建立在合法、团结、透明、平等、一致及负责的基础上，将进一步促进白俄罗斯政党的积极发展。

（四）新的政党力量的出现

在修正案开始实行后，部分政党按要求开始注册或重新登记。2023年5月2日，一个新的政党——"白色罗斯"党（Белая Русь）在司法部成功登记注册。白俄罗斯共和国公共协会"白色罗斯"党成立于2007年11月17日，拥有超过20万名成员，在其基础上，同名政党于2023年3月成立。该协会负责人奥列格·罗曼诺夫被一致选举为"白色罗斯"党主席。2021年，白俄罗斯总统卢卡申科会见奥列格·罗曼诺夫。卢卡申科给协会下达了加强"公共组织的作用"的任务。这是新政党肩负的重要的任务之一。

"白色罗斯"党的定位与统一俄罗斯党非常相似。"白色罗斯"党将是捍卫人民利益的核心，是履行政府与人民之间的社会契约的保证。这在该党的章程中也有所体现："'白色罗斯'党将自己定位为公民与国家对话的有效纽带，能够代表人民与当权者对话。"

白俄罗斯政治制度变化及其原因

浙江树人学院白俄罗斯研究中心　王宪举　杨丽萍　寿家睿

一、白俄罗斯转型的两个时期

1991 年苏联 "8 · 19 事件" 后，乌克兰率先于 8 月 24 日宣布独立。8 月 25 日，白俄罗斯加盟共和国宣布独立，但真正获得独立是 1991 年 12 月 8 日《别洛韦日协议》签署之后。需要指出的是，白俄罗斯在促动苏联解体的问题上，也发挥了重要作用，其中既有当时的国际大背景，也有白俄罗斯谋求独立的历史原因。

独立至今，白俄罗斯转型经历了两个时期：

（一）第一个时期：1991 年 12 月—1994 年 6 月

这个时期白俄罗斯的最高领导人是斯坦尼斯拉夫·舒什克维奇。在国内改革中，白俄罗斯基本仿照俄罗斯的做法，实行以放开物价和私有化为核心的激进的自由市场经济改革。由于经济制度的急剧变化，进口能源和原材料价格猛增、供应量大减，农业遭受旱灾，军工业订货锐减，

1991—1994 年白俄罗斯国内生产总值分别下降 1.2%、5.3%、7.6% 和 12.6%，经济危机逐年加深，1991 年财政盈余 15 亿白俄罗斯卢布，到 1994 年财政赤字占国内生产总值的 3.4%。物价飞涨，通胀严重，通胀率由 1991 年的 83.5% 飙升到 1994 年的 2059%。人民生活水平显著下降，民众的不满情绪与日俱增。

舒什克维奇执政时期，鉴于白俄罗斯独立的基础脆弱不稳，自由民主派领导人斯坦尼夫拉夫曾代表白俄罗斯宣布"奉行中立、不参加任何军事集团、在白俄罗斯领土上建立无核区的方针"。外交上的主要政策是：其一，与世界各国广泛建立联系，积极谋求参加各种国际组织和国际合作。其二，在平等互利基础上，积极发展与俄罗斯、乌克兰、摩尔多瓦、中亚五国、南高加索三国等独联体国家的关系，但既不想走与俄罗斯联合和一体化的道路，又拒绝参加俄罗斯在独联体中所倡导的集体安全体系。其三，大力发展与西方国家的关系。舒什克维奇强调，"白俄罗斯是欧洲国家"。西方国家，特别是欧美国家是独立后白俄罗斯外交优先考虑的重点。白俄罗斯国家领导人同美国、德国、英国、意大利等西方国家频频往来，在政治上获取西方国家的支持，在经济上谋求本国所需的资金和技术。1994 年 1 月，美国总统克林顿曾对明斯克作短暂访问，以示对这个国家亲西方路线的赞赏和支持。舒什克维奇执政时期只有两年半，对白俄罗斯的发展影响比较小。但是因为经济急剧萎缩，生活困难，给白俄罗斯人民留下的阴影相当严重，多数白俄罗斯人不接受这种模式。1994 年 1 月，最高苏维埃主席团主席舒什克维奇因"滥用职权私建别墅"而遭议会弹劾。

（二）第二个时期：1994 年 7 月至今

1994 年 3 月，白俄罗斯最高苏维埃（议会）通过了《白俄罗斯共和国宪法》，决定实行总统制。7 月，40 岁的亚历山大·卢卡申科在白俄罗斯第一次总统选举中当选总统。白俄罗斯进入与舒什克维奇执政时期完全不同的"卢卡申科时期"。

1996、2004 和 2022 年，白俄罗斯三次修改宪法。该宪法第一条规定，"白俄罗斯共和国是统一的、民主社会的法治国家"；第六条规定，"国家政权建立在立法权、执行权和司法权分立的基础上"。在经济领域，卢卡申科总统调整政策，停止了舒什克维奇的"休克疗法"，而推行循序渐进、面向社会和由国家控制的市场经济改革。他对大规模私有化尤其谨慎，这也是白俄罗斯没有像俄罗斯、乌克兰那样出现很多金融寡头的重要原因。卢卡申科执政头十年，白俄罗斯经济保持7%左右的年增长率，在独联体国家中最早恢复到苏联解体前的经济发展水平，人均收入也高于大多数独联体国家。2010 年 12 月，白俄罗斯职工人均月工资近 500 美元。用于社会保障的开支占国内生产总值的 7%以上。因此，这个时期白俄罗斯的政局比较稳定。

这一时期，白俄罗斯转型主要有以下特点：

白俄罗斯宪法赋予总统极大的权力。其职权包括：除任命总理须经议会下院批准外，副总理以下，包括司局长一级的国家管理机构领导人，全部由总统任免；决定进行共和国全民公决；解散议会；主持政府会议；取消政府法令；组建和领导国家安全会议；担任共和国武装力量总司令；等等。1996 年 11 月修改后的宪法规定"白俄罗斯共和国的民主是在政治制度、意识形态和意见多样性的基础上实现的"。新宪法赋予总统更大的权力，削弱了议会的权力。白俄罗斯的行政体系是垂直的，权力高度集中于总统。总统办公厅在国家日常事务中起着十分重要的作用。

白俄罗斯议会权力较弱。白俄罗斯议会实行两院制，由共和国院（上院）和代表院（下院）组成，每届任期为五年。下院由 110 名代表组成，全部由公民直接选举产生。这是白俄罗斯与俄罗斯等独联体其他国家不同的地方，俄罗斯等国的议会选举一般是按照政党和选区代表各

50%的比例分配的。如果一个政党获得超过投票选民总数5%的选票，即可进入议会。这就使一些反对党有可能通过议会选举而进入议会参政。白俄罗斯登记注册的政党15个，包括两个右翼政党——人民阵线党、联合公民党。由于议会选举并不采取混合选举，没有按政党设置的议席，所以反对党作为政党和政治组织无法进入议会，反对派成员在某一选区当选议员的可能性也微乎其微。如此选举产生的议会基本上听命于总统，起不到对总统的约束和制衡作用。

2004年10月，白俄罗斯通过全民公决再次修改宪法，取消了"一人担任总统不得超过两届"的限制性条款。这实际上赋予卢卡申科可以无限期地参加总统竞选的权利。1994—2023年，卢卡申科已经六次赢得总统选举。白俄罗斯政治转型以"强总统、小政府、弱议会"为主要特点。白俄罗斯宪法规定，"共和国的执行权由政府行使，政府是中央国家管理机构"，主要"保证履行宪法、法律和总统法令、命令和指示"。然而在实际政治实践中卢卡申科不断连选连任，而政府却是"流水的兵"。近30年来，卢卡申科撤换了十多位总理，平均两三年就换一位。

从白俄罗斯近30年的政治转型情况来看，总统制基本符合白俄罗斯的国情，保障了国家的稳定与发展，但是也存在不少问题和弊病，特别是如何发挥政府和议会的积极性、如何使各政党和社会团体在国家治理中发挥主动性和创造性、如何使各级管理机构克服官僚主义和形式主义作风而提高工作效率等问题仍待解决，仍需要继续摸索、改进与完善。

二、白俄罗斯"强势总统制"形成的原因

首先，白俄罗斯"强势总统制"的形成与卢卡申科总统的执政理念有关。卢卡申科曾任莫吉廖夫州什克洛夫区"突击手"集体农庄副主席、"列宁"集体农庄党委书记、"城里人"国营农场场长等职，身上带有一定的"草根"气质。1995年9月他宣布，白俄罗斯将建设"市场社会主义"。他重视社会保障，提高人民生活水平，消除贫困和防止贫富两极分化，构筑和谐社会。他反对搞大规模私有化，使公有制经济一直占国民经济的 70% 左右，但却导致经济效率降低，平均主义盛行。2002年 3 月，卢卡申科提出"白俄罗斯发展模式"，目的是建立强有力的国家政权和可调控的面向社会的市场经济体系。卢卡申科认为建立政党就是为了夺取政权，所以反对以政党为单位参加议会选举。在对外政策上他积极发展与俄罗斯的联盟关系，因而被美国称为"欧洲最后一个独裁者"，遭到美国和欧盟的打击和制裁。

其次，白俄罗斯的反对派力量比较弱小。与俄罗斯、乌克兰的政治反对派相比，白俄罗斯的反对力量人少势单，不足以夺取政权。2020 年拒绝承认大选结果行动失败后，季哈诺夫斯卡娅等多名白俄罗斯反对派领导人逃往立陶宛和波兰，对国内反对派实行"遥控指挥"，其行动效率大打折扣。

再次，白俄罗斯民族性格使然。与俄罗斯族、乌克兰族相比，白俄罗斯民族的性格比较温和，具有"忍耐性"特别强的特点。这也表现在反对派同当局的政治斗争中。与此相反，卢卡申科个人的性格又特别坚强。在 2020 年 8 月的政治斗争中，卢卡申科如果像吉尔吉斯斯坦前总统阿卡耶夫、巴基耶夫以及乌克兰前总统亚努科维奇那样逃遁，那么白俄罗斯反对派可能就会得逞。

最后，俄罗斯的大力支持。如果没有俄罗斯在政治、军事、经济、贸易、外交等方面的大力相助，卢卡申科可能难以坚持下来。俄白经济关系是独联体国家中经济关系最密切的一对。白俄罗斯经济所需能源的90%、外贸市场的 50% 都依赖俄罗斯，俄罗斯提供给白俄罗斯的能源加工及其制品产值占白俄罗斯国内生产总值的三分之一，出口的二分之一。俄罗斯每年向白俄罗斯提供 2000 多万吨原油和 200 多亿立方米天然气，白俄罗斯不仅能满足自身需要，而且还可加工后向欧盟国家出口赚取外汇。2022 年俄罗斯向白俄罗斯供给的天然气价格为 128.5 美元每千立方米，与 2021 年持平，而俄罗斯供给欧洲国家的天然气价格已经暴涨到 700 美元每千立方米。低气价使白俄罗斯 2021 年节省 30—40 亿美元。2020 年 9 月，在白俄罗斯面临欧盟制裁的背景下，俄罗斯同意向白俄罗斯提供 15 亿美元贷款。此外，在劳务合作领域，每年有 20—45 万白俄罗斯公民在俄罗斯就业，其收入为 6.9 亿美元，占白俄罗斯国内生产总值的 1.1%。

在军事和外交上，俄罗斯的支持是白俄罗斯应对北约威胁的重要保障。当然，白俄罗斯在北约东扩的过程中不为所动，成为俄罗斯防御北约的"西大门"和"屏障"，也是对俄罗斯的有力支持。

俄白两国的密切联系具有深厚的历史渊源。基辅罗斯时期，白俄罗斯的一部分土地，包括波洛茨克公国，被基辅罗斯大公所统治。14—15 世纪，白俄罗斯这片土地归属立陶宛大公国。1569—1795 年属于立陶宛-波兰联合王国。1772—1917 年白俄罗斯受俄国统治 145 年。[1] 之后，1918 年 3 月苏维埃俄国和德国签署《布列斯特-立托夫斯克和约》后，苏俄丧失了将近 100 万平方千米的土地和近 5000 万居民，包括与波兰、立陶宛接壤的白俄罗斯西部和西北部。德国战败后，1922 年苏俄与德国魏玛政府签署了《拉巴洛条约》。两国宣布放弃在《布列斯特-立托夫斯克和约》及一战后向对方提出的领土和金钱要求。此前，1919 年 2 月—1921 年 3 月，苏俄与波兰之间发生了战争。1921 年 3 月 18 日两国在拉脱维亚首都里加签署《里加条约》，苏俄承认西乌克兰和西白俄罗斯归属波兰管辖。但是，18 年后，1939 年 9 月，德国侵略波兰之际，苏联红军重新占领了格罗德诺和布列斯特。1941 年德国军队进攻苏联，占领白俄罗斯全境。1944 年 7 月，苏联反攻，收复包括格罗德诺和布列斯

---

〔1〕 1772 年，俄罗斯帝国、普鲁士王国和奥地利帝国首次瓜分波兰，俄国获得白俄罗斯东部，此后的 1793 年和 1795 年，俄国又在瓜分波兰的过程中获得白俄罗斯中部和西部。

特在内的白俄罗斯领土。此后直至苏联解体,白俄罗斯一直是苏联的一个加盟共和国。

这些历史表明,俄罗斯同波兰、立陶宛、白俄罗斯之间的领土问题和历史恩怨源远流长,错综复杂。显然,白俄罗斯的"强势总统制"在很大程度上也是受到俄罗斯"超级总统制"的影响。

三、国家和社会发展进入新阶段

2011 年,白俄罗斯发生了一场金融危机,使国民经济和人民生活受到严重影响。此后,由于白俄罗斯政治、经济和社会矛盾长期积累,国家治理和选举制度存在不足,加上美西方不断制裁和影响,一场严重的政治危机终于爆发。

2020 年 8 月 9 日,白俄罗斯举行第六次总统选举,有约 690 万选民参与了投票,投票率为 84.28%。投票结束后,8 月 10 日初步统计结果是卢卡申科得票 80.23%,反对派候选人季哈诺夫斯卡娅得票 10.12%。议会下院前议员卡诺帕茨卡娅、"讲真话"运动领袖德米特里耶夫、企业家切列琴得票率分别为 1.68%、1.21% 和 1.14%。此外,有 4.59% 的选民投票给"反对所有候选人"。该初步结果一经宣布,反对派就声称选举中有"舞弊行为","不承认选举结果"。在首都明斯克和其他很多城市爆发了反对卢卡申科连任的示威游行和抗议集会,参加示威的人数最多时达到十几万至二十多万,抗议和示威活动持续数月。反对派领导人季哈诺夫斯卡娅以立陶宛为基地开展活动,通过社交媒体等现代技术手段指挥白俄罗斯国内反对派活动。同时她游说欧盟国家,受到波兰、法国等国领导人接见和支持,在国际上对白俄罗斯当局造成非常不利的影响,美欧宣布对白俄罗斯实行严厉制裁。这对白俄罗斯政局、经济、社会形势和对外关系造成前所未有的压力,对此卢卡申科总统采取了以下应对措施:

（一）赋予全白人民大会新职能

在国家面临政治危机的时候，卢卡申科总统召开了全白人民大会。2021年2月11—12日，全白人民大会在明斯克举行，约2700人参加，其中2400名人民代表来自全国6个州和明斯克市，涵盖各行业各阶层。大会讨论了《2021—2025年社会经济发展规划》，确定了未来5年政治经济社会发展方向。最主要的是，大会明确支持卢卡申科总统的领导，维护了国家的团结与稳定，给了政治反对派及其西方势力沉重的打击。

（二）修改宪法

2020年6月26日，卢卡申科表示，必须修改国家宪法，把权力初步下放给地方政府主席和州长们。他称，白俄罗斯将在两年内制定一部新宪法。2020年8月大选风波后，修宪进程不仅加快，而且修改的内容也发生重要变化。

2020年8月17日，卢卡申科在明斯克轮式牵引车厂与工人对话时表示，目前正在研究旨在重新分配权力的宪法修改方案，经全民公决后成为新宪法。他愿意分享总统权力，根据宪法交出部分总统权力。8月31日，卢卡申科会见白俄罗斯最高法院主席时承认，白俄罗斯目前的制度"有一些威权主义"，需要进行宪法和最高法院的改革。

2021年12月27日，白俄罗斯公布宪法修正案草案，供公众讨论。根据新宪法草案，全白人民大会是白俄罗斯民主的最高代表机构，并被赋予立法权。该宪法草案中的条款包括：禁止外国公民和组织在白俄罗斯资助选举，白俄罗斯议会每届任期从四年增至五年；总理将每年向全白人民大会报告国家社会经济发展规划的执行情况；全白人民大会有权任命最高法院和宪法法院以及中央选举委员会的成员和主席；全白人民大会拥有确定内政外交基本方向、批准国家经济发展规划、审议选举合法性、罢免总统、实行紧急状态和戒严状态以及提议修改宪法和举行全民公投等权力。草案还删除了关于白俄罗斯是"无核国家"和奉行"中立"的对外政策的条款。草案还对总统任期加以限制，即新宪法实施后当选的总统连任不得超过两届，每届任期为五年。任期届满后，总统可以成为议会上院的终身议员。修正案还赋予前总统豁免权，总统在职期间的任何行为，将不会在其卸任后被指控或审判。

2022 年 2 月 27 日，白俄罗斯举行了修宪全民公决。超过 680 万名白俄罗斯公民参与投票，占全国人口的 79%。65.16% 的公民投了赞成票，10.07% 的公民投了反对票，新宪法获得通过。根据白俄罗斯法律，如果全民公投参加者中一半以上公民投票赞成，则公投决定在正式公布十天后生效。根据新宪法规定，如果卢卡申科 2025 年和 2030 年连续两届参加总统竞选并获胜，他将任职至 2035 年。

由于全白人民大会被赋予新职能，白俄罗斯国民会议代表院（下院）和共和国院（上院）的权力被进一步削弱。如何处理这三者之间的关系，仍有待观察。

在外交方面，在新一轮俄乌冲突背景下，白俄罗斯新宪法改变"无核"和"中立"地位，这使美国和欧盟十分不满，开始对白俄罗斯实行更加严厉的制裁。

（三）改革政党体制

白俄罗斯的议会选举与俄罗斯、乌克兰等国不同，不以政党为主进行竞选，也不采用政党和选区结合的混合选举方式，而是全部议员以选区为单位选举产生。卢卡申科反对以政党为单位进行选举，他认为，按照政党进行选举，选出的议会将引发不同利益集团撕裂社会的风险。2023 年 3 月 31 日，卢卡申科总统向白俄罗斯人民和国民会议发表讲话说："虽然，坦率地说，对我来说，这种政治多元化无非是对西方时尚的致敬……我再说一遍，政党是为了争夺权力而产生的。各种政治力量对权力的渴望不仅仅是观念和制度的竞争。这是社会的分裂，有时会导致建设性的丧失。""但是，我们从来没有，也永远不会阻碍政党的建设。"

卢卡申科的这一表态并非偶然。近年来，"白色罗斯"党的成立非常值得注意。白俄罗斯共和国公共协会"白色罗斯"成立于 2007 年 11 月 17 日，拥有 20 多万名成员。但是，直至 2020 年，该协会在白俄罗斯影响力不大。2020 年 8 月大选风波后，白俄罗斯国内形势发生变化。卢卡申科需要有强大的政党支持总统及其方针路线。

2021 年，卢卡申科会见公共协会"白色罗斯"领导人奥列格·罗曼诺夫，要求其加强"公共组织的作用"。显然，这是该组织面临的首要任务。经过将近两年筹备，"白色罗斯"党于 2023 年 3 月成立，5 月 2 日在司法部登记注册。5 月 13 日，该党高级政治委员会第一次会议在明斯克举行，决定在明斯克和全国各地区设立党组织分部。该党章程称，"'白色罗斯'党是捍卫人民利益的核心，是履行政府与人民之间社会契约的保证。""'白色罗斯'党将自己定位为公民与国家对话的有效纽带，能够代表人民与当权者对话。"

新政党正在为 2024 年白俄罗斯的一系列选举做准备，并开始进行一项新的实践——重建政党制度并赋予其作为政治制度支柱的法律地位。这个过程可能进展较慢，但在 2024 年 2 月 25 日之前可能取得中期成果。政治制度发展的这一阶段对白俄罗斯第八届国民会议代表院代表的选举、国民会议共和国院成员的选举、第二十九届地方议会代表的选举等活动来说都非常重要。

（四）加快发展俄白联盟国家

在白俄罗斯对外关系中有一个特殊现象，即俄白联盟国家，其对白俄罗斯政治制度的演变具有重大影响。

1994 年 7 月，卢卡申科当选总统，此后五年间俄白关系实现"三级跳"。"第一级"是 1995 年 1 月两国签署《海关同盟协议》，宣布从同年5 月 26 日起俄白取消边界，两国公民自由来往，无需护照；"第二级"是 1996 年 4 月 2 日，俄白签署《成立主权国家共同体条约》，规定俄白联盟是政治、经济、军事、文化等方面的全方位联合，同时俄白均是主权国家，将保持各自主权、独立和领土完整；"第三级"是 1997 年签署《俄罗斯和白俄罗斯联盟条约》和联盟宪章。1999 年 12 月两国又签署《关于建立俄白联盟国家的条约》，将联盟关系提升为建立一个一体化的联盟国家，目标是以邦联制形式在外交和经济以及货币上进行一体化。俄白实施联盟国家条约的行动纲领规定：从 2000 年起逐步拉平两国主要宏观经济指标；从 2001 年起实行统一的税收政策；从 2005 年起实行统一的贸易和关税政策，当年年底以前实现货币统一。俄白联盟国家有三个主要机构：最高国务委员会、执行委员会和联盟议会。最高国务委员会由成员国总统、总理和议会领导人组成，主席由两国总统轮流担任。

然而，2000 年至 2020 年年初，白俄罗斯为了在俄美以及俄欧之间搞平衡，放慢了建设联盟国家的步伐，致使这一进程陷于停滞。时任美国总统国家安全事务助理博尔顿和时任国务卿蓬佩奥曾于 2019 年 8 月31 日和 2020 年 2 月初访问明斯克，并表示将改善美白关系。但是，2020 年 8 月的大选风波给白俄罗斯领导人浇了一瓢冷水。白俄罗斯对俄罗斯的依赖性明显增强，而俄罗斯也坚定信心，决不能让白俄罗斯成为第二个乌克兰。俄罗斯迅速承认白俄罗斯总统选举的合法性，大选次日选举结果一公布，普京即祝贺卢卡申科当选总统。明斯克发生示威抗议活动后，卢卡申科与普京多次通电话，商量对策。普京警告西方不要干涉白俄罗斯内政，并表示俄罗斯将组建由执法人员组成的预备队，以便帮助白俄罗斯稳定局势。9月14日，卢卡申科赴索契与普京会晤。普京说，俄罗斯将遵守双方所有协议，包括在俄白联盟条约和集体安全条约组织框架下的协议。普京重申白俄罗斯是俄罗斯的亲密盟友，俄罗斯将履行所有承诺，两国应在国防领域加强合作。普京宣布向白俄罗斯提供15亿美元贷款，帮助其克服经济困难。

2021年3月2日，俄罗斯和白俄罗斯国防部首次签署了为期五年的战略伙伴关系计划。这份五年合作计划要求，两国武装部队和特种部队务实协作在2021年要实现积极进展。该计划明确了两国陆军、空军和防空部队、特种作战部队和空降部队参与两军协作的具体任务和步骤。3月3日，卢卡申科表示，为了联合值勤，俄罗斯将在白俄罗斯部署战斗机。

2021年11月4日，普京与卢卡申科在俄白联盟国家最高国务委员会视频会议上签署旨在落实联盟国家一体化的法令，该法令涉及两国28个行业的一体化计划。同时这项法令明确了2021—2023年落实建立俄白联盟国家条约的基本方向，旨在协调宏观经济战略、引入统一的税收原则，在金融信贷和银行、工业和农业领域执行共同政策，对石油、天然气、电力和运输服务市场进行统一协调等。该法令的签署意味着俄白两国在建设联盟国家的道路上前进了一大步，将有利于两国联合抵御西方干涉渗透，也有利于各自经济社会稳定发展。它标志着俄白以法律文本形式进一步固化在一体化问题上达成的新共识，俄白联盟国家建设取得重要突破，两国一体化进程将切实加快。

2022年2月，在俄罗斯对乌克兰发动"特别军事行动"后，白俄罗斯予以支持，允许俄罗斯军队从白俄罗斯过境前往乌克兰前线，同意俄罗斯撤回部分军队到白俄罗斯境内休整。2022 年 10 月，俄白区域联合部队成立。10 月 15 日，联合部队首批俄罗斯军队 9000 人陆续抵达白俄罗斯，同时抵达的还有约 170 辆坦克等军事装备。根据 2022 年 2 月 27 日白俄罗斯修改宪法的全民公决，白俄罗斯改变"无核国家"立场，随后允许在本国部署俄罗斯战术核武器，称这是"对东欧加速军事化以及美国和北约日益增长的军事活动做出的恰当回应"。2023 年 8 月 15 日，白俄罗斯国防部长维克多·赫列宁在莫斯科举行的国际安全会议上表示，"很明显"俄罗斯和白俄罗斯未来可能会与北约发生直接冲突，"白俄罗斯共和国把战术核武器返回其境内视为有效的战略威慑因素"。

（五）坚决维护主权和独立

普京总统一度提出让白俄罗斯成为俄罗斯联邦一部分的建议，但是这个方案未能付诸实施，主要原因就是白俄罗斯不愿放弃主权和独立。白俄罗斯人有自己的身份认同和民族意识，他们认为，他们与俄罗斯人不同，白俄罗斯族是"最纯洁的"东斯拉夫民族，没有受到蒙古鞑靼的入侵和长期占领。国名白俄罗斯的"白"，就有民族和人种"纯洁""洁白"的含义；俄罗斯是欧亚国家，而白俄罗斯是"最纯粹的欧洲国家"，位于欧洲大陆的中心地带，古城波洛茨克是欧洲的地理中心。在白俄罗斯千年历史上，1991 年 12 月获得独立是千载难逢的机会。俄白两国关于白俄罗斯的称呼也不一致。俄罗斯人称呼白俄罗斯为"Белоруссия"，而白俄罗斯公民则称自己的国家为"Беларусь"。

卢卡申科曾经表示，白俄罗斯的独立地位决不能在他的手中丧失。他不想以"失去"国家主权与独立的总统的形象载入史册。经过 30 多年的努力，白俄罗斯的独立和主权意识已经深入人心。对于白俄罗斯人来说，建立俄白联盟国家固然是一件好事，但白俄罗斯不能因此失去主权和独立。

俄罗斯国内一部分人具有大俄罗斯民族主义思想，对白俄罗斯不能平等相待，但是克里姆林宫明白，如果与白俄罗斯的关系处理不好，必将导致俄罗斯与西方关系更加恶化。在俄罗斯与西方之间，有白俄罗斯横亘于中间，对俄罗斯可以起到缓冲作用。

白俄罗斯国家青年政策：发展与挑战

北京外国语大学俄语学院博士研究生　信晓东

当代白俄罗斯国家青年政策的制定与实施是在其特定的政治、经济、文化和教育等社会背景下进行的，经过 30 余年的发展，从无到有，再逐步完善，基本形成了一套较为完备的组织机构、法律制度和措施保障体系，在提升当代白俄罗斯青年社会地位、工作和生活质量、增强公民意识和爱国主义情怀、强化社会和政治参与等方面均发挥了积极作用。与此同时，由于国家青年政策评价机制缺失、创新性及普及性弱、青年社团协调不力、青年运动思潮发展等多种原因，白俄罗斯国家青年政策的制定及实施效果与青年群体的利益诉求仍存在一定差距。为了应对这些挑战，白俄罗斯政府需要采用创新的方式，来完善和实施国家青年政策。

一、白俄罗斯青年政策的发展历程

白俄罗斯总统卢卡申科历来重视青年和青年思想教育工作。在他的倡议下，1997 年 5 月，白俄罗斯在苏联列宁共产主义青年团的基础上成立了白俄罗斯爱国青年联盟（白俄罗斯共和国青年联盟的前身），后来发展成为全国最大的青年阵地。

2023 年 10 月 29 日，在苏联列宁共产主义青年团成立 105 周年之际，白俄罗斯总统卢卡申科在贺信中指出，这一节日体现的是青年人不断追求创造、开拓新视野、勇攀高峰的精神和愿望。青年运动的能量诞生于 20 世纪初革命的深处，这股力量无论在苏维埃国家的形成中、在卫国战争对敌人的抵抗中、在战后的重建中，还是在塑造未来公平的世界秩序中都发挥着强大的创造力。白俄罗斯将保持其社会政治发展的连贯性，并在爱国主义的坚实基础上开创美好的未来。

白俄罗斯国家青年政策自身形成、发展和完善的过程与其社会历史条件和思想文化背景紧密相连。自独立以来，白俄罗斯青年政策大体上经历了以下三个阶段：

（一）政策成型阶段

苏联解体后，白俄罗斯社会经济面临阵痛。原有的体系瓦解之后，新的合适的体系尚未建立，这种空窗期使得白俄罗斯青年群体的教育问题，特别是思想道德层面的教育出现暂时性缺位。在这样急迫的现实情况下，白俄罗斯当局迫切需要整合管理青年群体的机构，由国家出面统一颁布和推行新的青年政策，直面社会变革所带来的各式各样的青年问题。

在此背景下，白俄罗斯政府先后于 1992 年和 1997 年颁布《白俄罗斯共和国国家青年政策的基本原则》和《白俄罗斯国家青年政策基本法》，形成了国家青年政策的概念，明确了青年政策实施的基础、原则和机制。为挖掘青年人才潜力，卢卡申科于 1996 年签署《关于支持优秀青年》的总统令，设立总统专项基金，资助国内青年才俊和英才少年，资金来源主要是总统备用金和自愿捐款。根据总统网站公布的数据，基金自 1996 年运行以来，共有 41 943 名"天才少年"和学生获奖，4066 名教学和科研工作者因培养卓越人才而获得专项基金奖励。

（二）发展完善阶段

2008 年全球金融危机后，白俄罗斯经济严重衰退，居民生活水平下降、青年受教育机会减少、失业率上升等问题凸显并产生一系列消极后果，对所有社会阶层和群体尤其是青年的社会和政治地位都产生了十分不利的影响。2009 年 11 月，白俄罗斯修订并颁布新版《白俄罗斯国家青年政策基本法》，进一步明确了国家青年政策的目标、原则和基本方向。该法明确规定，国家青年政策的主体是青年、青年家庭、青年社团以及参与政策实施的国家机关和组织。卢卡申科总统亲自抓青年政策的制定和实施，如确定统一的国家青年政策、明确负责实施国家青年政策的国家行政机构、批准国家规划等。随后，该法历经多次修订和补充，以适应时代的发展和形势变化。

（三）政策调整阶段

2020 年大选后，白俄罗斯青年人才流失严重，甚至成为威胁国家稳定和安全的重要因素之一。白俄罗斯国家统计委员会公布的数据显示，白俄罗斯 14—30 岁青年人数从 2020 年的 185.8 万人降至 2022 年的 166.3 万人，青年群体占比从 20% 下降至 17%。此外，青年群体成为大选后街头抗议活动的主要参与者。卢卡申科总统在平息抗议的公开演讲中直言"我们失去了青年和普通民众"。2021 年 2 月，卢卡申科总统在与科学界代表会见时表示，"大选后的事件表明，我们需要更加认真对待青年教育，否则未来将会产生极大问题，如果我们无法扭转局势，那么我们将走向战争"。在此背景下，白俄罗斯国家部长会议于 2021 年 6 月 19 日通过第 349 号政府令，批准《2030 年前白俄罗斯共和国青年政策发展战略》，明确国家青年政策的目标、重点和工具，进一步优化了国家对于青年项目、青年组织和青年政策基础设施的投入。2022 年 12

月 16 日，为进一步促进青年人的科研和创新潜力，卢卡申科总统签署新版《关于总统专项基金活动》的总统令，要求进一步完善奖励机制，统一奖项种类、提高奖励金额并强化组织和选拔工作质量。该基金计划每年奖励 500 名优秀青年和 150 名卓越人才。

二、白俄罗斯青年政策的内涵

青年是国家的重要战略资源，代表着未来发展方向。由于不同的社会文化、制度、经济和政治因素，不同国家、地区和组织对青年的实际定义和理解存在着细微的差别，而年龄界限是划分青年与其他社会群体最常见的标准。鉴于本文讨论的是白俄罗斯青年，因此采用了白俄罗斯官方对于青年年龄界限的规定，即 14—30 岁。此外，本文将当代白俄罗斯理解为从苏联解体，即 1991 年 12 月 25 日起至今的主权国家。在此基础上，当代白俄罗斯青年具体理解为从苏联解体至今，曾经或正处于 14—30 岁年龄段的白俄罗斯公民。据白俄罗斯国家统计委员会数据，截至 2023 年 1 月 1 日，白俄罗斯 14—30 岁青年人口的数量共计 164 万，约占全国总人口的 17.8%。

青年政策是国家、社会和青年之间的互动的多维话语体系。白俄罗斯国家青年政策在一定程度上是国家治理能力的重要体现。根据 2009 年 12 月 7 日颁布的第 65-3 号《白俄罗斯国家青年政策基本法》，白俄罗斯国家青年政策是由国家实施的集社会、经济、政治、组织管理、法律规范等于一体的综合性措施体系，旨在为青年的社会化和自我实现创造条件，充分发挥青年潜力及促进国家的创新发展。可以说，白俄罗斯国家青年政策不仅是一项国家公共政策，更是一项针对青年群体的社会保障制度，事关未来白俄罗斯的国家安全和全球竞争力。

根据白俄罗斯部长会议 2021 年 1 月 29 日颁布的第 57 号政府令《关于 2021—2025 年教育和青年政策国家纲要》，国家青年政策的目标包括：

——促进青年的全面教育和发展；

——为青年自由高效地参与政治、经济、文化和社会发展活动创造条件；

——为青年提供社会、物质、法律等方面的支持；

——增强青年人的自我实现能力；

——丰富青年人生道路的选择机遇。

根据上述国家纲要，白俄罗斯国家青年政策的主要优先方向包括：公民意识和爱国主义教育、支持青年获得教育和就业的权力、培养和支持青年英才、塑造青年人健康的生活方式、扶持年轻家庭、鼓励青年公共协会和青年民间倡议工作、开展青年国际合作。

制定更切合实际和青年人诉求的青年政策，事关白俄罗斯的国家未来。根据《2030 年前白俄罗斯共和国青年政策发展战略》，国家亟待解决的青年问题包括：

—— 进一步提高教育质量，开发数字平台和远程教学技术；

—— 强化青年的职业倾向引导，提高他们从事劳动力市场所需职业的积极性，塑造青年人的经济竞争力；

—— 青年公民流向国外的风险；

—— 青年政治文化水平不高，对各种形式的公共生活的参与程度较低；

—— 需要加强对年轻一代的公民和爱国主义教育；

—— 完善对有才华和有天赋的青年支持体系，优化实施条件，制定对青年的奖助政策体系；

—— 大众文化中的反面教材成为青年公民的行为模式；

—— 青年群体的危险性和危害社会的行为普遍存在，对健康及其价值的批判态度没有充分形成；

—— 青年人的违法和犯罪问题依然存在，反社会行为增多，青年参与未经批准的活动（行动、游行、罢工、示威等）以及在公共活动中违反法律和秩序的情况时有发生；

——青年对创业活动和社会经营兴趣不大，缺乏足够的知识和能力；

——婚姻、精神道德与家庭价值观退化，年轻人对家庭生活缺乏心理准备；

——互联网正在成为影响年轻一代意识和行为的强大工具，无法保证为青年人提供安全信息，也造成一定风险；

——因残疾、疾病、丧亲、被忽视、贫困、失业、没有住所、家庭矛盾和虐待、反社会等社会问题，生活困难的青年需要更多的支持才能有效地融入社会；

——需要解决青年工作垂直管理部门的人员短缺问题。

三、白俄罗斯青年政策的实施

（一）机构保障

确立了中央-地方-青年社团三级管理架构。白俄罗斯青年政策的执行机构分为三个层次：

第一级为中央政府和有关部委，负责制定法律和政策方向。应特别指出的是，白俄罗斯青年政策的牵头部门是教育部，教育部专门设立青年事务管理司，统筹青年政策的制定和实施，每年定期向社会公布《白俄罗斯青年状况国家报告》，展示白俄罗斯在青年教育、社会经济、就业、健康、社会政治参与等方面取得的成就。

第二级为各地方政府，即州和区执委会，按照相关职责范围负责青年政策的具体落实。从中央到地方的垂直管理模式，可以有效确保在落实国家青年政策主要方向的过程中上下联动与合作，同时兼顾各地区的不同发展特点。

第三级为青年社团，也是在工作中与青年保持最密切联系的部门。截至 2023 年 6 月，尽管在白俄罗斯注册并运行的青年社团组织一共有186 个，但受官方支持的只有白俄罗斯共和国青年联盟一家，国家青年事务委员会用于实施青年政策的财政预算主要划拨给该组织。

（二）机制保障

形成了以《白俄罗斯国家青年政策基本法》为核心，以国家各层级政府部门出台的青年发展战略、专项法律文件和青年纲要为补充的"1+N"型法律机制体系。

第一，国家层面的法律文件包括：2009 年颁布的《白俄罗斯国家青年政策基本法》、2021 年部长会议颁布的《2030 年前白俄罗斯共和国青年政策发展战略》和《关于 2021—2025 年教育和青年政策国家纲要》，以及 2014 年教育部颁布的《关于批准实施国家青年政策系列措施的命令》。

此外，白俄罗斯在青年爱国主义教育、培养健康生活方式、参与社团和社会活动、教育资助、就业扶持及青年家庭等方面均出台了专项规范性法律文件。

第二，滚动编制白俄罗斯教育和青年政策国家纲要。白俄罗斯自独立以来，始终将教育和青年政策国家纲要作为落实国家青年政策的重要机制之一，先后制定并颁布了 1996—1999 年、2000—2003 年、2004—2005 年、2006—2010 年、2011—2015 年、2016—2020 年、2021—2025年共计 7 版发展纲要，目前正在实施的是《2021—2025 年教育和青年政策国家纲要》，确定了国家机关在实施教育和青年政策方面的基本方向和优先领域。白俄罗斯在教育和青年政策国家纲要的宏观指导之下，有计划、分层次地引领青年人的价值观。

（三）措施保障

从 2030 年前白俄罗斯青年政策的战略布局来看，国家组织和实施国家青年政策配套项目，重点关注青年人的七大领域的健康发展，包括教育、文化和休闲、安全、社会参与、体育和健康生活方式、就业及家庭政策，旨在解决青年问题并为其健康发展提供有效的社会保障。围绕上述领域组织和实施的各类全国性青年教育实践项目是促进国家青年政策由制度建设向实践转化的关键路径，同时也是促进青年政策走进青年生活、助力青年发展的重要桥梁，这些项目主要包括以下内容：

第一，创建青年人才数据库。2005 年，白俄罗斯在国家层面创建了"天才青年"数据库。作为一个自动化的信息统计和录入系统，该数据库涵盖了总统专项基金和奖学金获得者、国际性及全国奥林匹克各学科竞赛（含巡回赛及其他各类竞赛）获奖者、在科研创作和脑力劳动方面展现过人天分的青年人才档案。截至 2020 年 1 月 1 日，共有 2884 人被录入人才数据库，其中 702 人在册，另外 2182 人已存档（根据要求，年满 31 岁的个人信息存档）。

第二，创立青年社团。2002 年 9 月，在官方的直接参与下，白俄罗斯两大青年组织——白俄罗斯青年联盟、白俄罗斯爱国青年联盟合并成白俄罗斯共和国青年联盟，是目前国家官方唯一支持且规模最大的青年组织。

为保障大学生参与国家教育治理过程、实施大学生倡议并及时解决大学生群体关心的问题，白俄罗斯教育部于 2015 年成立公共大学生理事会，作为民选的集体议事机构，由各高校的学生会选派一名学生代表参加。此外，教育部还成立了国家青年理事会，成员包括国家部委、社会组织代表、教师、学者和学生，主要讨论青年关心的焦点问题、国家青年政策的主要方向及与国家有关机构的协作等。

第三，推行青年议会制。为鼓励和支持青年参加国家议会活动，发展青年的法治文化，引导他们参与相关法律文件的制定，白俄罗斯自 2017 年起积极推动青年议会工作。卢卡申科总统在参加"青年，未来的观点"论坛活动并与青年代表见面时，对青年议会倡议表示支持。在 2017—2020 年开展了大量的筹备工作后，白俄罗斯议会于 2020 年 7 月 2 日在明斯克召开了首届青年理事会（议会）会议，由明斯克市和各州分别派 10 名青年代表参会（共 70 人）。

第四，设立"青年年"和"青年日"等青年主题时段。在 2015 年卫国战争胜利 70 周年之际，白俄罗斯将该年定为"青年年"，体现其青年政策实施中的爱国主义教育特色。与此相配套的是，白俄罗斯每年通过竞选方式确定一个城市作为"青年首都"，开展形式多样的青年活动。各年度获得"青年首都"地位的城市分别为：巴拉诺维奇（2016 年）、波洛茨克（2017 年）、莫吉廖夫（2018 年）、奥尔沙（2019 年）、平斯克（2020 年）、格罗德诺（2021 年）、维捷布斯克（2022 年）和新波洛茨克（2023 年）。此外，从 1998 年起，白俄罗斯将每年 6 月的最后一个星期日定为"青年和大学生日"。

四、白俄罗斯国家青年政策的挑战

第一，政策考核评价机制缺失。从政策实施评价角度看，白俄罗斯尚不具备对青年政策实施效果开展评估的机制和条件。白俄罗斯教育部青年事务司司长西玛诺夫斯卡娅在 2022 年 8 月召开的青年政策圆桌论坛上坦言："通过分析近几年的青年状况，我们缺少相应的评价标准和体系来支撑管理决策和改进工作。2022 年，教育部会同有关部门和州政府起草了国家青年政策效果评价标准，这将是一份全新的文件，我们从未有过此类规范性文件。这将有助于我们了解所做的工作成就、工作成效如何，以及存在的不足，这也将使我们客观地评估自身工作和白俄罗斯青年的状况。"

第二，政策创新性不足。青年的年龄阶段是人生最多变的时期，高度的不稳定性和流变性是这一时期人群的主要特点，对高度变化的人群统一施策，可能无法应对多变的局面而降低政策的实施效果。一个国家的青年政策实际上反映着政府看待年轻公民的态度。30 多年来，白俄罗斯始终将青年工作作为意识形态领域的一项重要工作，重视爱国主义教育，但政策实施的工具和举措缺少突破性和创新性。

第三，政策的覆盖面有限，青年群体的诉求无法完全满足。一方面，目标群体异质性较强，按照白俄罗斯对青年群体的年龄划分（14—30岁），涉及这个群体的年龄跨度长达 16 年，且内部结构极为复杂，涉及教育、就业、家庭、民生等各领域需求，难以提炼出政策可以发力的"公约数"。另一方面，由于白俄罗斯资金紧缺，无法做到面面俱到，造成青年政策"重教育，轻民生"的困境。据白俄罗斯副总理彼得里申科介绍，为落实国家青年政策，白俄罗斯于 2016—2020 年累计投入 1000万白俄罗斯卢布，计划 2021—2025 年新增投入 1520 万白俄罗斯卢布，即便如此，每年的投入也仅为 200—300 万白俄罗斯卢布。这远不能满足需要。

第四，青年团体难以有效发挥纽带和桥梁作用。白俄罗斯青年政策的实施主要依赖教育机构和白俄罗斯共和国青年联盟，而由于该联盟的亲政府背景和官僚作风，造成这一青年组织的负面形象，白俄罗斯青年始终未能充分利用青年社团作为参与国家青年政策的工具，往往只是完成会员注册程序。此外，白俄罗斯的许多青年社团只专注于与公益组织有关的捐助合作和项目实施，彼此之间很少协作，甚少与作为受众目标的青年群体互动。尽管白俄罗斯政府呼吁青年积极参与国家生活和社会生活，但却始终未出台相应的法律法规来对这一问题进行规制。

第五，受美欧等西方国家的冲击和影响，青年人才流失严重。新一代的白俄罗斯年轻人是在全球化和互联网时代成长起来的，随着白俄罗斯与美西方国家关系的恶化，白俄罗斯对于青年人的吸引力逐渐降低，美西方对其人才的争夺也日趋激烈。2022年12月7日，欧盟委员会批准在白俄罗斯投入2500万欧元，"支持其民主进程、公民社会发展、青年学生及职业发展"，如通过"欧盟为白俄罗斯"（EU4Belarus）项目为450名白俄罗斯大学生提供奖学金以及约500个职业交流机会。因此，白俄罗斯出国留学人数骤增，仅以波兰一国为例，在波兰的白俄罗斯学生已从2012年的2344人增至2022年的12 000人。为有效应对人才危机，卢卡申科总统曾于2020年9月签署总统令，限制35岁以下青年人离境。

五、结语

历经30余年的发展，白俄罗斯国家青年政策体系已日臻完善，并在促进本国青年的健康成长方面扮演了重要的角色。具体而言，白俄罗斯国家青年政策从机构、法律机制和措施方面形成了较为完备的体系，通过加强对青年公民意识和爱国主义价值观的引导，激发广大青年通过青年组织、志愿服务活动等途径参与社会发展和建设的热情。可以说，当前白俄罗斯国家青年政策已发展成为提高青年社会地位和生活质量、促进青年形成正确价值取向、激励青年社会参与热情的重要机制。

值得注意的是，白俄罗斯国家青年政策仍面临很多挑战。政策缺乏有效的考核评价机制、政策创新性不足、覆盖面有限、亲政府背景的青年社团的负面形象，以及欧美等西方国家的冲击和影响，使得青年的诉求和呼声无法及时反映到政策层面，青年盲目的政治参与和社会参与都在一定程度上增加了政治动荡和社会失序的风险。如何正确处理这一矛盾，促进青年政治和社会参与的良性发展，从整体上提升政策的有效性、避免负面影响是当代白俄罗斯国家青年政策亟待解决的难题。

《2030 年前白俄罗斯共和国青年政策发展战略》
解读与启示

浙江树人学院白俄罗斯研究中心　杨丽萍　寿家睿

　　青年是一个重要的社会群体，是国家未来建设的中坚力量，对政治、经济、社会的发展都有着显著的影响。青年的发展受到国际社会的高度关注，20 世纪 50 年代末以来，在联合国的支持引导下，美国、加拿大、俄罗斯等一些国家纷纷通过制定政策、法规等途径保障青年的权益，发挥这一群体的社会价值。

　　基于对白俄罗斯青年政策历史发展的梳理，我们通过对《2030 年前白俄罗斯共和国青年政策发展战略》（以下简称《战略》）进行解读，可以汲取白俄罗斯青年政策的一些经验，为中国完善青年政策提供一些他者的视角。

一、《战略》出台的背景

　　白俄罗斯国家青年政策的历史与苏联一脉相承。苏联时期，青年政策就是一项党和国家的政策。1991 年 4 月，苏联通过了《苏联国家青年政策总则》，明确了青年的法律保护、社会保障、接受教育等权利。苏联解体后，原为苏联加盟国的各国都认识到国家发展需要让更多青年人参与到政治中来，纷纷制定了与本国国情相适应的青年政策。1992 年，白俄罗斯批准通过了《白俄罗斯国家青年政策基本法》，该法在很长一段时间里一直是白俄罗斯青年政策的基础。1999 年 11 月，白俄罗斯通过了法律《关于白俄罗斯共和国青年和儿童社会团体的国家支持》，在法律层面上明确了为青少年社会团体提供支持的主要方向、方式和组织基础等内容。

进入 21 世纪，白俄罗斯对青年政策的制定和青年组织的管理有了新的变革。白俄罗斯国立大学副教授格列奇涅娃指出，青年作为一个社会人口群体，包括 16 岁至 30—31 岁的人。人生中的主要"社会人口"行为多数是发生在这一年龄阶段里的，包括：接受中等和高等教育、选择职业、获得并参加工作、结婚、生子等。处于这一时期的青年往往刚独立，在工作、生活等方面时常会面临困难。为更好地促进青年发展，白俄罗斯青年政策的实施不断具体化。2006 年 4 月 4 日，白俄罗斯批准了共和国项目"白俄罗斯青年"（2006—2010 年）(Республиканская программа «Молодежь Беларуси» на 2006-2010 годы)，成为实施青年政策的重要文件，其主要目标为：提高青年受教育水平、加强爱国主义教育、改善青年的社会经济生活条件、提高青年健康水平、完善青年和年轻家庭的社会保障体系以及发展青年旅游和国际青年合作。该文件主要提出了一系列举措，由对应的国家部门或机构在规定的期限内完成。该文件在内容上更偏向于活动规划，未在具体细则上形成规范化制度。2009 年 12 月 7 日，白俄罗斯通过《白俄罗斯国家青年政策基本法》，界定了青年的年龄界限为 14—30 岁，在法律层面上确定了白俄罗斯青年政策的基本概念、国家监管和管理、主要方向、资金和实施的保障，使白俄罗斯的青年政策更加细化，更适应社会现实的需要。此外，白俄罗斯前后出台了一系列法令,在住房、留学、就业等领域对青年予以支持。

截至 2022 年 12 月 31 日,据白俄罗斯青年数据概览的统计信息,白俄罗斯 14—30 岁的青年人数约为 1 697 517 人,占全国总人数的五分之一,其中约 139.2 万白俄罗斯青年生活在城市,占其青年总数比例约82%,而同期公布的白俄罗斯城市化率为 79.5%。城市青年比例高于城市化率,这说明伴随着城市化进程,城市越来越受白俄罗斯青年青睐。无疑,为了与城市化和城市青年逐年增长的现状相适应,城市青年管理不但面临着更迫切的现实需求,也促使着白俄罗斯青年政策在时代变化和国家战略需要中不断革新。

为加强年轻一代的爱国主义教育,扩大青年有效参与公共行政决策和社会发展相关的社会活动范围,增加青年在社会生活中的作用,保持白俄罗斯青年的长期竞争力并实现向青年普遍参与国家的政治、经济、社会和文化发展的创新发展模式过渡,2021 年 6 月,白俄罗斯共和国部长会议第 349 号决议通过了《2030 年前白俄罗斯共和国青年政策发展战略》。基于 1992 年以来白俄罗斯制定青年政策及其实施的相关经验,该《战略》立足于信息化时代的社会特点、青年的兴趣与需求,旨在提高青年的生活水平并加强其在国家社会经济发展中的作用。该政策是一套综合了社会经济、政治、组织和法律措施的体系,结合了此前在青年领域的政策、法令,其主体包括 31 岁以下的年轻公民,配偶双方或其中一方未满 31 岁的年轻家庭。

总的来说,《战略》的出台回应了青年管理面临的迫切需求,也顺应了时代发展,在内容上相较以往政策、法令更加规范、细致,在法律层面上则呈现出逐步规范化、系统化的良好态势。

二、《战略》的基本构架

《战略》符合白俄罗斯宪法、国家安全概念、国家教育法的规定,与《白俄罗斯共和国 2016—2020 年国家创新发展计划》《2016—2020 年国家教育和青年政策》、2018 年批准的《白俄罗斯——成功创业之国》计划、《2030 年前白俄罗斯共和国可持续社会经济发展国家战略》《科学和技术：2018—2040 年》战略等规划一脉相承，具有连续性、综合性、中长期性的特点。

《战略》分为四章：《总则》《实施战略的原则》《战略的主要优先发展事项》《实施战略的机制》。实施该《战略》的原则有法治性、民主性、人本主义、公开性、普遍性、科学性、差异性、整体性、非歧视性和包容性、系统性、社会活动的优先性、青年和青年社会团体在享受宪法规定的权利和自由方面的独立性共 13 项。这 13 项原则体现了《战略》的制定充分考虑了青年群体的特点，尊重青年个性化，提供了青年直接参与、制定及实施相关政策和计划的渠道。同时，《战略》又要求青年政策实施者需做到信息公开、用科学方法分析青年的状况、跨部门跨界合作等，以便更好地促进各相关机构间的合作。

在实施《战略》的过程中需要完善国家青年政策组织机构的方法，包括：发展青年和儿童社会组织与国家的伙伴关系；在组织和企业中建立与劳动青年相关的系统化制度；改进青年工作专家、青少年社会组织领导人的培训和再培训制度；为青少年领域的专家开展活动提供支持等。此外，《战略》提出需要通过开展基础和应用研究、扩大对白俄罗斯青年状况的社会学调查和监测等方式予以支持，以保证《战略》能科学、有效地实施。

基于 2019 年在白俄罗斯教育部指示下进行的社会调查项目"白俄罗斯共和国青年环境状况"，《战略》的主要优先发展事项涉及七个方面，几乎涵盖了青年生活的各个领域，为青年发展提供了充分的法律支持和保障。通过对这七个方面基本情况的概述，提出了细化任务，并充分考虑到了青年年龄的差异性。七个优先发展事项具体如下：

第一，教育。为使教育体系、教学内容适应劳动力市场和学生的个人需求，《战略》制定了以下举措：优化教育体制结构和内容，引入现代教育技术的方法，在教育系统中形成组织、法律、物质和技术条件，在教育过程中发展与青年人互动的机制，建立青年个人能力的认证体系，鼓励青年创新和接受继续教育等。

第二，就业。由于毕业生的能力与就业市场的实际需求不符，对工作经验、学历等的要求以及工作待遇问题都造成了青年就业困难。《战略》提出应通过组织和完善职业指导体系，组织学生参与实践和临时就业，开发劳动力市场未来需求的预测机制，以在青年居住地建立就业网络、教授青年金融学等创业知识等方式推动教学与实践相结合，培养青年的综合能力。

第三，健康。主要内容包括完善疾病预防系统，制定健康项目，建立健身基础设施，促进青年强身健体，在青年居住地建立保健工作制度，为青年制定心理支持方案，帮助青年保持身心健康。

第四，年轻家庭。在白俄罗斯，存在结婚年龄上升，妇女生育一孩的年龄增加，生育计划延后的普遍现象。此外，离婚率上升、家庭矛盾、残孤儿童等问题对年轻家庭形成的压力逐年增大，因此，需对其加以引导和支持。主要措施包括：减轻年轻家庭的税收负担，为其提供社会化服务、心理支持、法律援助及基础设施，建立多样化的企业支持模式等。

第五，社会活动。为发挥青年参与青年政策及国家、地方层面社会活动的作用，提升青年的政治文化水平，采取以下措施：让青年参与青年政策的制定，培养其领导能力，对志愿者经历建立认证体系，通过竞赛鼓励青年提出倡议并加以推广，创建发布青少年活动的平台，形成政府机构与青年社会组织的互动等。

第六，休闲与创造。由于白俄罗斯青年社会文化活动过度虚拟化、青年在国际上具有代表性的成果不足以及大众文化的负面影响等问题，需加强对青年文化的引导。具体方式有：普及白俄罗斯文化，完善文化基础设施，支持有建设性内容的青年亚文化，鼓励青年协会开展研究、保护白俄罗斯历史文化遗产的活动，完善青年创意成果商品化机制等。

第七，安全。为降低青年的犯罪率，营造安全的环境，帮助青年树立正确价值观，《战略》中提到了以下措施：完善预防和侦查犯罪的机制，开发暴力案件监测系统，营造生命安全文化、青年生态文化，实施确保青年社会保障的有效机制等。

三、《战略》的启示

中国青年政策起步于 1951 年，国家开始制定关于青少年健康、教育等法律条例。早期中国对青年就业创业、婚恋等问题并未给予过多重视，与之相关的规定多数都是在普适性法律框架下对与青年群体相关的条文的解读。进入 21 世纪后，中国政府对青年发展的关注尤为突出。2017年，中共中央、国务院印发《中长期青年发展规划（2016—2025 年）》。但青年政策的制定和实施还是存在理论与现实的差距。中国青少年研究中心副主任、国家中长期青年发展规划专家委员会委员张良驯在《"十四五"时期青年高质量发展研究》一文中指出，根据调研结果，青年发展过程中还存在几个方面的不足：青年对主流价值观的认同问题、青年受教育机会不均等问题、青年的生活压力问题、大龄青年的婚恋问题、青年就业问题和青年职业发展问题。2017 年 6 月，与国家《中长期青年发展规划（2016—2025 年）》相衔接，浙江省编制了《浙江省中长期青年发展规划（2017—2025 年）》。蔡宜旦教授分析了浙江省青年发展规划的四轮规划，指出目前省级规划的编制存在青年主体参与缺位、规划编制与规划实施脱节等问题。

现今，中国青年与白俄罗斯青年面临的问题有很大相似性，因而可以借鉴白俄罗斯在青年政策制定与实施方面的经验教训，完善青年政策，加强在教育、就业、婚恋、主流价值观等方面对青年的支持和引导，使青年愿意积极参与到社会活动中去，从而实现社会帮助青年与青年反哺社会的良性循环。

通过对《战略》基本内容的解读，结合上述青年政策方面存在的不足之处，主要有以下几点启示：

（一）关注教育与就业的高度密切性

针对中国近年来倡导的青年创业浪潮，白俄罗斯《战略》的相关举措值得借鉴。鉴于就业和教育密切相关，需要有意识有目的地培养青年，使其在校期间就接轨社会，多参与社会实践，实现学习之余的临时就业。在教育知识方面，增加青年对于创业、经商等基础知识的了解，在职业、中等专业和高等教育机构中建立与经商及社会创业相关的知识、技能和能力体系，向青年教授金融、经商、商业法律监管等多方面的基础知识，提高其综合能力。

再者，学校与劳动力市场的衔接一直以来存在"错位"。基于中国国情，学校可以充分利用中国具备完备工业体系的优势，加强与各类企业的互动，采取终端的招聘、定向培养及校企联合培养等方式拓宽青年的就业渠道，依靠劳动力供需双方的充分沟通，减少因青年专业不对口造成的人力与时间浪费。为达此目的，高校需要了解并调研本地区以及全国范围内的企业发展趋向，建立人才需求预测机制，了解未来的专业就业前景，及时在课堂内外调整并增加相关有助于就业的知识，有针对性地培养学生。以浙江省为例，电商的发展对于掌握电商知识的人才需求量大，小商品、服饰等公司对于设计、销售人员需求也会相对较多。在教学中因地制宜，增补相关知识的培训，将会更利于青年的本土就业。

此外，劳动力市场的激烈竞争，对就业人员的综合能力也提出了较高的要求。目前，中国线上教学课程多数以慕课、各大学录制的线上课程为主，而已毕业的青年群体则面临着优质学习平台少、就业指导缺乏、持续学习的动力不足等问题。因此，可以借鉴白俄罗斯《战略》中提到的帮助青年发展的非正规教育，创建开放式线上课程。具体可以采取拓宽青年在社会中提升自我的途径、做好鼓励青年持续学习的宣传、就其学习的课程建立相关认证体系等举措，以期帮助青年在毕业后继续提升自我，尽快实现就业。

（二）发挥居住地的基础作用

以青年的就业和健康为例，《战略》在这两方面都提到了要发展好青年的居住地，加强基础设施建设。居住地作为最贴近青年生活的地点，能有效调动青年的社会参与度。以就业来说，在居住地为青年建立一个多学科资源的就业中心网络，可以就近为青年提供服务，无疑会为青年的学习工作带来极大便利。在青年健康方面采取的措施，同样也是考虑到了在青年居住地建立和完善俱乐部和健身系统，同时也能提高地方政府的参与度。

在中国，以实际居住区为单位的青年组织和团体数量较少。社区多为住宅区，在青年交往这方面可以做的工作还有很多。离开校园后，青年可加入的社会组织或团体数量较少，且存在信息闭塞的问题。可以探索以居住地或行政区为单位，为未婚青年、待业青年、需心理辅导的青年、创业青年、身体有缺陷的青年、已婚青年等群体分别成立相关小规模的公益性社会组织。例如，建立多学科就业中心，提供就业指导；建立青年心理咨询中心，帮助排解压力；建立未婚青年交流接触的平台、婚后和谐家庭交流平台，提供婚恋引导等。就近提供便利，帮助生活困难的青年公民适应社会，在居住地（停留地）组织青年群众文化和健康活动，向青年人介绍所在地区的青年组织并鼓励其积极参与；搭建法律咨询点，为青年提供法律规定的保障。就浙江省而言，可以充分利用省内互联网企业众多、互联网生态环境活力足的优势，努力创建信息交流平台，充分发挥居住地的作用，以问题集中、交流通畅、反馈及时、同心共力等特色团结同一居住区内的青年。

（三）对年轻家庭的大力支持

中白年轻家庭面临的压力有一定相似性，存在结婚年龄上升、离婚率上升、低收入、失业等问题。张华通过分析历史数据和文献，探讨了当代青年恋爱婚姻家庭方面存在时空的阻隔，认为经济能力和个性因素成为离婚和不婚的主要原因，同时青年群体抚养成本的提高，多元文化对青年婚恋观的冲击等问题。[1] 在《2018—2019 年长三角城市群青年民生发展报告》中提到了关于隔代抚养、育儿成本高以及住房压力大等问题对青年结婚和生育带来的影响。

因此，首先要培养青年正确的婚恋观，对婚姻有充分的认识，培养青年对家庭的责任感。其次，制定面向年轻家庭的社会和经济支持举措，例如完善幼托教育体系，切实保障落实产假、育儿假等假期，为生活困难的年轻家庭制定资助机制，在税收、住房上加大支持等，为有孩子的年轻家庭提供多样化的企业支持形式（为年轻的父母制定灵活的工作和假期安排等），以此帮助减轻年轻家庭生育孩子的焦虑和压力。此外，还需要保障年轻家庭中的弱势群体享受其应有的权利及社会福利，为其提供法律层面的有力支撑，保障妇女在婚姻中的合法权益，为孤残儿童的健康成长营造良好社会氛围及共识。

（四）鼓励青年参与社会活动

《战略》中将青年的社会参与单独列出，对青年参与社会活动、政

---

[1] 张华：《当代青年恋爱婚姻家庭发展的问题与对策》，载《中国青年研究》，2015 年第 1 期，第 65—70 页。

策制定予以了充分的重视。然而，当下中国青年的社会参与度并不理想。李春梅、师晓娟在《青年社会参与政策的现状及效果评价研究》一文中分析了中国青年的社会参与现状，提出了加强思想引导作用、强化机制建设、规范青年社会参与组织等建议。浙江省的青年政策制定在一定程度上存在青年主体缺位的问题，也是青年参与政治生活不充分的表现，这导致了青年的建议和实际需求未能在政策中得到及时的反馈。借鉴《战略》中提到的措施，政府可以通过网上宣传、征集意见等方式鼓励青年参与政策制定的过程，并建立长期有效的反馈机制，从而帮助政府更加科学、合理地制定青年政策。

与之配套的，为加强青年与政府机构的交流，各级政府还可以搭建畅通的信息平台，通过公共邮箱、网络平台、座谈会、听证制度等方式创建定期对话的机制，进而形成政府与青年的良好互动模式，推动青年以个人或者团体（青年组织）的形式参与政策的制定。青年参与政策制定的过程同时也是融入社会的过程，这无疑能提升青年作为社会中坚力量的社会责任感和政治参与意识。

此外，为鼓励青年参与社会公共服务，应给予其制度保障和技术支持：为青年的志愿者服务等社会性活动建立一套认证体系，完善志愿者的培训管理体系，肯定其社会服务的价值和意义。同时，搭建青年活动的公开化平台，用于发布活动通知，拓宽青年活动的影响范围，通过现代化通信渠道使青年及时了解并参与社会活动。

（五）休闲创造与文化传承并行

《战略》中指出，需要在青年中形成民族文化认同，要发展在青年中推广白俄罗斯文化和语言的形式，支持具有建设性内容的现代青年亚文化，鼓励青年社会组织开展研究和保护白俄罗斯历史文化遗产的活动等，通过这些措施，丰富青年的活动，同时把民族文化的保护和传承也纳入了青年活动的范畴，将两者有机结合，发挥青年在保护历史、文化方面的作用。

对主流价值观、优秀传统文化的认同是培养当代中国青年的一个重要任务。中国一直面临着西化、分化思想的冲击，网络世界也鱼龙混杂，这都会对青年形成正确的价值观造成消极影响。中文语境里，"结合移动互联网环境，青年亚文化是指中国青年群体为了解决自己在成长道路上所面临的各种疑惑和矛盾而出现的对主流文化、传统价值观、正统权威等产生抵抗和消极对待的态度"。[1] 鉴于青年亚文化会弱化主流意识，而网络环境又是如今极为重要的文化传播阵地，争取青年文化认同急需向虚拟社区发展。加强主流意识形态传播、传统文化教育的同时还要善于利用新的媒介、新的平台，更贴近青年的日常生活，进一步完善虚拟社区中的青年文化活动。

做好线下交流也是文化传承重要的一个环节，拓宽青年为文化领域建言献策的渠道，支持建设积极的青年文化，鼓励青年组织开展研究和保护优秀民族历史文化的活动。以浙江省为例，浙江省以经济强省、文化兴省，但在优秀传统文化和技艺的传承方面容易存在瓶颈，各地方言也面临失传的风险。因此，可以面向青年，开设公益性的浙江特色的茶文化、浙江古诗词历史、浙江经商传统等多样性课程或讲座，增进青年对家乡的了解，提高对本地文化的认同感和归属感。此外，可以建立文化艺术类青年活动的资助体系，鼓励青年将传统文化以文创产品的形式产业化、国际化，同时还需完善青年创意成果商品化机制，简化流程，以此助力青年将文化传承发扬，充分发挥其创造潜力，让文化走出去。

---

〔1〕 郝凤:《青年亚文化对高校意识形态的弱化及其对策》,载张恽、刘宏森主编:《青年研究:新视野、新情况和新方法(2016—2020)》,上海:上海交通大学出版社,2017 年版,第 134 页。

四、结语

《战略》的制定是基于白俄罗斯在青年法规政策领域的经验，并在内容和具体的举措上进行了综合和革新，使之更适应现代白俄罗斯社会发展的需要。

鉴于中国在青年政策制定及实施过程中存在的一些不足，笔者从《战略》中获得启示，并在缓解青年就业压力、生活压力，婚恋问题等方面提出了完善浙江省青年政策的建议，具体为：关注教育与就业的高度密切性、发挥居住地的基础作用、对年轻家庭大力支持、鼓励青年参与社会活动以及休闲创造与文化并行。知青年之所需，加强政策支持，通过多方面的发展，减轻青年的生活压力，鼓励青年有效参与社会活动，充分激发青年的主观能动性，在社会活动中发挥其积极作用。

俄乌冲突背景下白俄罗斯外交面临的诸多挑战

中国现代国际关系研究院助理研究员　叶天乐

持续延宕的俄乌冲突，是冷战后欧洲地区持续时间最长、影响范围最广、惨烈程度最高的一场地区战争。这场冲突对于欧亚地区的诸多国家均有十分复杂的影响，而作为俄乌两国的邻国、斯拉夫"三兄弟"一员的白俄罗斯，在此次冲突中也无法独善其身。俄乌冲突爆发以来，白俄罗斯在艰难中坚守原则，同时努力突破。白俄罗斯也是观察欧亚各国对俄乌冲突态度以及未来地区形势的一个风向标，值得我们持续关注。

一、白俄罗斯外交形势概述

白俄罗斯独立 30 多年来的外交形势，可以分为三个大的阶段：一是独立至 2014 年乌克兰危机前；二是 2014 年乌克兰危机至 2020 年 8 月白俄罗斯总统大选；三是 2020 年总统大选至今。

2014 年之前，白俄罗斯总体上亲近俄罗斯，外交形势较为稳定。白俄罗斯独立后，外部环境实际上一直比较艰难，和西方没有俄罗斯所谓的"蜜月期"。舒什克维奇早早下台，卢卡申科开始强硬反腐，在一定程度上继承苏联体制，这在西方看来是独裁、高压。虽然白俄罗斯自身的经济、社会比较稳定，并且有了一定的发展，但西方一直不认可，坚称卢卡申科是欧洲"最后的独裁者"，对白俄罗斯进行了数轮制裁。尤其是几次大选之后，西方均利用选举对白俄罗斯发难。多年来，白俄罗斯始终在积极与俄罗斯修好、与西方保持距离的外交思想的指导之下保持自身发展节奏。虽然独立后至 2014 年 20 余年间俄白曾有几次较为激烈的矛盾，甚至到了俄罗斯停止对白俄罗斯供应天然气的地步，但俄白关系在联盟国家框架内总体保持平稳，普京与卢卡申科的关系也一直较为紧密，在独联体范围内，白俄罗斯也是俄罗斯必不可少的坚定支持者。

2014 年的乌克兰危机给白俄罗斯外交提供了机遇，白俄罗斯在外交上开始发力。卢卡申科对于俄罗斯利用乌克兰内乱之际吞并克里米亚做法并不完全认同，并未承认克里米亚为俄罗斯领土。2014 年到 2020 年 8 月大选这 6 年间，白俄罗斯的外部环境有了些许的改变。主要原因是俄罗斯与西方因乌克兰问题关系恶化，俄罗斯受到制裁与孤立，而欧亚各国也不认可俄罗斯扩张领土的做法。在此背景下，白俄罗斯利用俄罗斯与西方"中间人"的地位改善了与西方关系。包括和美国重新接触，修改了外交官的限制人数；和欧盟在东部伙伴关系计划中关系有所改善；和世界银行等组织积极地接触；积极推进明斯克三方联络小组的谈判，与法德一同促成了两次明斯克协议的签署；和波罗的海三国经常接触，讨论如核电站等一些具体的问题；白俄罗斯和欧盟甚至到了谈论免签制度以及卢卡申科访问欧洲相关事宜的地步。此外，白俄罗斯还和委内瑞拉及中东、非洲许多国家都进行接触，卢卡申科经常出国访问。白俄罗斯和独联体内部的国家关系也更加紧密，和格鲁吉亚、乌克兰、摩尔多瓦关系也保持良好。当时波罗申科和卢卡申科经常接触，双方还举行了地方合作论坛。在当时，至少仅从外交层面看，白俄罗斯正在践行所谓的"多元平衡外交"。在此背景下，俄白关系则是矛盾不断，双方联盟条约迟迟没有续签，卢卡申科在记者会上公开指责俄罗斯，在选举之前逮捕瓦格纳雇佣兵等。这一时期内中白关系也是发展迅速，2015 年习近平主席访问白俄罗斯并视察中白工业园，此后工业园建设进展迅速，中白之间的经贸也快速发展。然而，重新回顾 2014—2020 年这段时期，虽然白俄罗斯积极践行多元平衡外交，但作为一个对俄罗斯依赖程度如此之高的国家，依然无法逃脱与俄罗斯捆绑的命运。这个阶段只能是白俄罗斯外交短暂的活跃期。

2020 年 8 月总统大选至今，特别是在俄乌冲突的背景下，白俄罗斯外交呈"一边倒"态势。

2014 年以来，白俄罗斯虽积极推行多元平衡外交，地区与国际地位有所提升，但受国际经济形势的影响与自身经济体制相对僵化的制约，白俄罗斯经济经历了下滑之后缓慢恢复的过程。根据世界银行数据，白俄罗斯 2014 年国内生产总值为 788 亿美元，到 2016 年跌至 477.2 亿美元，此后缓慢恢复，到 2019 年为 644 亿美元，2020 年再次下滑，为 613 亿美元。经济形势不佳影响了白俄罗斯民众的生活水平，高福利政策面临挑战。

2020 年年初新冠疫情暴发，白俄罗斯国内应对不力引发年轻人不满，此后为准备大选，将反对派治罪或驱逐出境的行动更点燃了国内的反抗情绪。8 月大选之后，白俄罗斯国内爆发大规模的抗议，民众与警方发生小规模冲突，这在白俄罗斯独立 30 多年的历史上尚属首次。此前与白俄罗斯关系缓和的西方立刻"变脸"，对白俄罗斯横加指责，加强制裁，要求卢卡申科下台，重新选举。俄罗斯最开始也是静观事态发展，看到白俄罗斯国内局势稍微平定方才坚定支持卢卡申科。事态逐渐平定之后，卢卡申科意识到和西方关系已经基本破裂，此前的多元平衡外交已无法继续推行，只能依靠俄罗斯；双方就一些此前悬而未决的关键问题及路线图基本达成一致，在军事安全领域加强了合作。白俄罗斯从多元平衡外交转向了"一边倒"外交。

2020 年之后，白乌关系和白俄罗斯与西方关系一样，持续恶化。2019 年泽连斯基上台后，白乌曾有短暂互动，但 2020 年白俄罗斯大选之后乌方同西方一道对白俄罗斯进行指责，实施制裁，白俄罗斯反对派与乌方还形成联动。白俄罗斯国内爆发大规模抗议过程中，乌克兰境内一些组织提供了支持与援助，例如转移白俄罗斯反对派人员，提供互联网支持等。对于俄乌之间冲突的调解，白方所发挥的作用也在下降。加之俄白之间愈发紧密的军事安全合作，为白俄罗斯在新一轮俄乌冲突中的角色定下了基调。

2022 年年初，俄白举行联合军演，之后俄军留在了白俄罗斯境内。2 月 24 日，俄军多路出兵，其中相对重要的北路，就是从白俄罗斯方向直插基辅。俄军还从白俄罗斯领土向乌克兰境内目标发射导弹。白俄罗斯虽然没有出兵，但是为俄罗斯出兵提供了帮助，这也是西方指责白俄罗斯的最主要的"罪证"。白俄罗斯在冲突初期做出的这种战略选择，使得其面临的外交挑战更加严峻。作为俄乌两国的邻国，又靠近波罗的海三国与波兰，白俄罗斯的地缘位置十分重要；俄罗斯对白俄罗斯的战略定位也十分明确，就是利用军事、安全、能源、经济等多种手段，将白俄罗斯置于"战略缓冲带"的位置上，既保持对乌克兰北部的军事威胁，也保持对东欧及波罗的海三国的博弈主动地位。本轮俄乌冲突一开始，白俄罗斯防长曾经致电乌克兰防长，希望进行调停，但未被采纳。卢卡申科还多次会见普京，前往远东地区进行参观交流，双方还讨论了联合太空探索。俄乌冲突爆发后，白俄罗斯卢布紧随俄罗斯卢布出现下跌。

冲突爆发后，俄白间的军事安全合作逐步升级，2022 年 2 月底白俄罗斯举行了修宪公投，为在白俄罗斯境内部署核武器扫清了障碍。同时卢卡申科还要求俄方部署伊斯坎德尔导弹和 S-400 防空系统。2023 年，白俄罗斯在俄乌冲突中继续扮演重要角色，在"瓦格纳事件"中接纳了瓦格纳集团的部分雇佣兵。

二、俄乌冲突后白俄罗斯外部环境再次恶化

首先，白俄罗斯遭受广泛制裁。冲突爆发后，白俄罗斯同俄罗斯一道遭受了西方的制裁。据白方统计，约一半的工业部门受到制裁。同时白俄罗斯军工企业、银行和安全官员也受到了制裁。

世界银行也缩减在白俄罗斯的项目，不再推行任何的新计划。欧盟也引入了新的制裁，对可能有助于加强白俄罗斯军事技术或发展国防部门的产品和技术实施严格限制。欧盟还禁止从白俄罗斯购买木制品、水泥和橡胶制品、钢铁制品等。立陶宛拒绝运输白方钾肥，白俄罗斯钾肥出口受到极大限制。俄罗斯银行在白俄罗斯的分行也受到制裁。欧洲议会还呼吁国际刑事法院对卢卡申科发出逮捕令。

波兰、拉脱维亚和立陶宛停止从欧洲向俄白运送货物。一些白俄罗斯重型卡车无法通过边境。白俄罗斯企业出口遭受了较大打击。此外，白俄罗斯公民在国外的就业也受到了影响。白俄罗斯对反对派的审判等问题，仍旧遭到了国际劳工组织，大赦国际等国际组织的指责。

其次，白俄罗斯反对派积极活动。2020年后白俄罗斯反对派的主要领导人是季哈诺夫斯卡娅，她一直流亡海外，希望对白俄罗斯国内局势有所影响。俄乌冲突一开始，季哈诺夫斯卡娅就宣布创建"过渡内阁"，直到白俄罗斯举行新的选举，此举将其反对派行动推向了新的阶段。2022年3月底，季哈诺夫斯卡娅与拜登通话，拜登承诺帮助她和其他白俄罗斯反对派，提供财政支持。季哈诺夫斯卡娅号召组建武装部队推翻卢卡申科的统治。她还访问华盛顿，与布林肯、佩洛西和克林顿会面，还开展了"环白游"，先后访问了捷克、波兰、摩尔多瓦等，会见泽连斯基，还出席欧洲议会会议。反对派在海外长期存在并且持续活动，对

白俄罗斯开展外交尤其是与西方关系正常化十分不利。

最后，"是否出兵"将限制白俄罗斯外交。观察一年半以来，白俄罗斯出兵的可能性不大，至少其自身缺乏出兵的意愿与能力。卢卡申科深知一旦参战，白俄罗斯与西方将彻底决裂，与独联体各国也无法相处，其辛苦维持的独立主权将受到严重威胁。除非俄方极力推动或以武力逼迫，否则白俄罗斯不会直接下场。同时，俄方也明白，白俄罗斯参战将有几大负面影响。一是代价过大。直接将前线推至波兰、立陶宛、拉脱维亚边界，无异于和北约对垒，极大地恶化俄罗斯与西方关系，使其失去回旋空间。二是俄罗斯自身能力有限。无论是战争初期还是近期，俄罗斯难以负担起在白俄罗斯方向的大规模集团军作战。战争初期的闪电战打法是俄罗斯唯一可能成功的尝试。三是白俄罗斯若直接参战，将产生十分不利的示范作用。白俄罗斯在独联体范围内是俄罗斯坚定盟友，也是俄罗斯整合欧亚的重要抓手，更是维持俄罗斯独联体"当家人"形象的关键助手。白俄罗斯一方面在外交上和俄罗斯站在一起，但另一方面也坚持自身原则。这实际上对哈萨克斯坦、乌兹别克斯坦等国有着示范作用，白俄罗斯的这种态度维持着独联体内部的微妙平衡。若其追随俄罗斯对乌克兰作战，则"斯拉夫三兄弟"陷入厮杀，中亚各国将处于"坐山观虎斗"之势，其对俄罗斯离心倾向将更加严重，而外高加索在此背景下更有可能出现新的动乱。

三、白俄罗斯积极寻求外交突破

白俄罗斯在各种场合虽坚定支持俄罗斯出兵的决定，但俄白之间也并非没有分歧，白俄罗斯在遭受西方猛烈制裁的背景下，也在努力寻求自救之道，主要有几种手段。一是积极推动和谈。冲突爆发之初白俄罗斯就积极推动俄乌双方在白俄罗斯举行和谈，并且成功地在 2022 年 3 月促成了谈判。随后俄乌双方又在土耳其进行谈判，当时就关键性的问题已经达成基本一致。但此后西方利用"布恰事件"持续对乌克兰增加援助，推动乌克兰持续与俄罗斯对抗，白俄罗斯对于和谈的努力并未收到效果。二是利用过境地位谋求减轻制裁。乌克兰粮食运输问题出现后，卢卡申科曾提议西方将乌克兰粮食通过白俄罗斯运往波罗的海港口出海，并就此事与联合国秘书长古特雷斯通话，条件是西方取消部分制裁。然而白俄罗斯反对派对此表示反对，要求西方不要对卢卡申科妥协。白俄罗斯还同意欧盟一些运送药品和医疗器械的卡车过境，但白方的此类提议也并未得到西方正面回应。三是积极同欧亚各国合作。由于和西方关系恶化，白俄罗斯外交继续将欧亚地区作为主要拓展方向，这其中主要是中亚各国。另外，卢卡申科2023年还访问了伊朗，与伊朗总统莱希签署了2023—2026年两国全面合作路线图。四是向乌克兰、波兰等国释放友好信号。在推动和谈未果的前提下，白俄罗斯也在积极试探与乌克兰实现接触。2023年8月11日，卢卡申科表示希望改善白波关系，称邻居是无法选择的。8月24日乌克兰独立日当天，卢卡申科对乌克兰表示祝贺，并回顾了两个民族之间的友好历史，呼吁实现和平。他还曾经提出允许俄罗斯"租借"克里米亚的提议，但都没有得到乌克兰的认可。

四、未来白俄罗斯形势发展值得密切关注

解决民生问题依然是首要任务。2020年的大规模抗议，虽然有西方背后的支持，但更多的是白俄罗斯独立之后积累的各类问题的总爆发。此后三年多来，白俄罗斯各方面情况并未有显著改善。加之俄乌冲突后白俄罗斯遭受西方严厉制裁，平衡外交难以为继，与之相应地，经济也受到了不小打击。2022年白俄罗斯国内生产总值同比下降4.7%就是很好的证明。虽然2023年白俄罗斯国内生产总值同比增长3.9%，但主要还是依靠俄罗斯拉动，其经济的单一性与脆弱性问题仍然难以解决。2023年上半年，白俄罗斯对外货物总贸易额超过400亿美元，同比增长

17%，主要的增长就是来自俄罗斯。因此，如何在当前情况下保障民生经济就是白俄罗斯面临的最主要任务。白俄罗斯总理戈洛夫琴科审计 2024 年预算时也表示，2024 年经济的目标就是确保可持续的经济增长率和人民福祉的提高。白俄罗斯已经决定 2024 年 1 月 1 日起将最低工资提高 13%，并且将更加关注实体经济，主要是机械工程、冶金和石化联合体、轻工和木材加工行业，对农业也将提供系统支持。白俄罗斯还提出增加投资与技术合作，进一步改善国内的经济状况。

关注非传统安全。随着白俄罗斯当前内外面临的诸多挑战持续增加，在卢卡申科总统的努力下，虽然白俄罗斯将避免卷入战争，但在当前形势下，非传统安全领域的问题逐步显现，值得关注。一是人口。独立 30 余年来白俄罗斯人口下降约 100 万，独立时约有 1020 万人，目前约 920 万人。2020 年后人口流失的趋势增强，且流失的人口主要是年轻且有专业技术的人员。同时还面临老龄化的潜在威胁，2019 年的人口普查中 55 岁以上的人口占总人口比例约 30%。二是边境安全。波兰、立陶宛、拉脱维亚方面一直指责白俄罗斯默许非法移民从白俄罗斯越境进入上述国家，这其中可能还有军事人员。这几国目前在与白俄罗斯的边界均修建了一些防护设施，并且对于边界检查的级别也有所提高。三是卢卡申科总统的健康问题。2023 年胜利日阅兵就有消息传出其身体不佳，还传出他在 5 月底会见普京之后住院。此外，网络、生态（核安全）等问题都不容忽视。

俄白矛盾未来或将扩大。卢卡申科总统是十分老练与经验丰富的外交实践家，他在与俄罗斯保持一致的同时也在一些事关白俄罗斯切身利益的问题上与俄罗斯正面博弈。就在 2023 年 10 月 31 日，卢卡申科就因俄方建设核电站但推迟投产而要求赔偿。

中白关系还应走深走实。中白关系近年来发展迅速，在经贸、投资、基础建设等领域的合作持续升级。虽然当前白俄罗斯外交与国内经济面临诸多挑战，中白之间的合作也受到地区局势与俄罗斯和西方博弈的影响，但困难同时意味着机遇。当前情况下，中白之间的相互需求更加明显，也正是中国在各领域深化与白俄罗斯合作的良好契机。笔者对此有三条建议。一是保持中白高水平的政治合作关系。在欧亚各国中，中白之间的政治互信相对比较独特，白俄罗斯始终是中国推动欧亚合作的重要抓手，白俄罗斯也即将成为上合组织正式成员。白俄罗斯在国际场合对中国的坚定支持，使中国对待朋友不能只算经济账，不算政治账，要二者结合，在保障政治利益的同时，兼顾经济利益。二是继续拓展经贸合作。经贸合作仍是中白之间合作的最主要基石。虽然白俄罗斯目前遭受制裁，但 2022 年食品工业和农业还是处于增长之中。据中方统计，2022 年中白双边贸易额达 50.8 亿美元，同比增长 33%。2023 年双边贸易额超 84 亿美元，同比增长 31.2%，再创新高。中国市场潜力巨大，为白俄罗斯企业带来重要机遇。白俄罗斯乳制品、肉类、糖果、巧克力等深受中国消费者喜爱。据白方统计，白俄罗斯对华出口同比增长 20%。进博会、电商平台等都是白俄罗斯商品进入中国的良好渠道。三是深挖地方合作。中白友好省州和友好城市数量不断增加。2021—2022 年，在"中白地方合作年"框架下，双方共同举办了 160 多项丰富多彩的地方合作交流活动。中白间的人文、旅游、教育、医疗、艺术等交流，仍然需要地方参与推动。

2023 年中白关系

中国社会科学院乌克兰、白俄罗斯、摩尔多瓦和波罗的海三国
研究室主任，浙江树人学院白俄罗斯研究中心客座教授　赵会荣

　　2023 年是中白建交第 31 年，双边关系继续保持高位运行，在政治、
经济、人文等领域的合作都有不同程度的推进。

　　在政治方面，双方高层往来频繁，互信继续得到加强。2023 年 2 月
28 日，卢卡申科总统访华，成为疫情防控转段后访问中国的首批外国领
导人之一。3 月 1 日，两国元首签署《中华人民共和国和白俄罗斯共和
国关于在新时代进一步发展两国全天候全面战略伙伴关系的联合声明》，
标志着两国关系实现了历史性飞跃。双方还签署政治、经贸、金融、工
业、农业、科技、体育、旅游、卫生、地方、媒体等领域合作文件。7
月 9 日，白俄罗斯负责对华合作事务的第一副总理斯诺普科夫访华，双
方召开中白政府间合作委员会第五次会议，签署发展全天候全面战略合
作的应用措施计划以及经贸、文旅、环保等领域合作文件。在华期间，
斯诺普科夫还与中国商务部部长、财政部部长、国家国际发展合作署署
长以及陕西省和吉林省的负责人进行会晤，并与中国医药集团和中国通

用技术集团等企业负责人会面。在多边层面，中国支持白俄罗斯申请加入上海合作组织和金砖国家机制，白俄罗斯则支持推进欧亚经济联盟与"一带一路"对接合作。

在经济方面，两国贸易额高速增长。据中方统计，2022 年中白贸易额达到 50.8 亿美元，同比增长 33%，比建交之初的 6080 万美元提升近 83 倍；其中中国自白俄罗斯进口额约 18 亿美元，增幅达 65.4%，对白俄罗斯出口额 32.8 亿美元，增幅达 20%。2023 年 1—5 月，中白贸易额 37.2 亿美元，同比增长 127%；其中中国自白俄罗斯进口额增幅 86.9%，对白俄罗斯出口额增幅 156.2%。中国已跻身为白俄罗斯第二大贸易伙伴。钾肥仍然是白方对华出口中最重要的商品，2022 年白方钾肥对华出口额约 9.28 亿美元，在白俄罗斯对华出口总额中的占比降至一半，其次是食品和木材。近年来，白俄罗斯农产品和食品对华出口增幅持续攀高，特别是肉类、肉制品、乳制品、菜籽油等商品对华出口非常活跃。迄今白俄罗斯共有 200 余家企业获准进入中国市场。其中，60 余家乳制品生产企业向中国出口奶粉等商品。白方积极拓展对华出口渠道，2022 年白俄罗斯国家馆项目累计销售额为 893 万元人民币。白俄罗斯自中国主要进口电机设备、机械器具、车辆及零件。2023 年 1—6 月白俄罗斯自中国进口车辆及其零件达 8.6 亿美元，同比增长 550%。

双方投资合作的水平持续提升。2023 年 2 月，经中方登记的在白俄罗斯境内的中资企业 98 家，中资项目 54 个，主要分布在明斯克市和明斯克州。据白方统计，2022 年中国对白俄罗斯投资近 2 亿美元，在中国企业参与下实施 40 多个项目。2023 年一季度，中国对白俄罗斯投资约 5500 万美元，双方正在研究落实 20 个前景计划项目。在"一带一路"框架下中国在白俄罗斯投资项目主要包括中白工业园、吉利汽车组装厂项目、北京饭店、"天鹅"住宅小区房地产开发项目、美的集团小家电组装厂项目。白俄罗斯及其周边俄罗斯等国家市场变化给中国在白俄罗斯企业带来新的机遇。2023 年前 5 个月，吉利汽车销售 5700 辆汽车，而 2022 年全年仅销售 4355 辆。吉利汽车一度在白俄罗斯供不应求，需要提前半年预约购买。2023 年 9 月一汽红旗开始在白俄罗斯设立红旗汽车销售中心和组装生产部分车型。中资企业在白俄罗斯大型工程项目主要包括斯拉夫钾肥公司钾矿综合开发项目、全循环高科技农工综合体项目、石头城街商业中心项目、白俄罗斯核电输出及电力联网总承包项目。招商局集团、国机集团、中信建设、吉利控股集团、海尔集团等中国企业在白俄罗斯都非常活跃。目前，白方积极探索与中方加强在医疗制药、农业机械、工业现代化、交通物流和贸易等领域的合作。相比之下，白俄罗斯对华投资不多。2023 年来自中白工业园的居民企业白卡门生物科技有限公司与白俄罗斯的斯卢茨克干酪联合厂签署了在沈阳成立合资企业的合作协议，该合资企业将生产符合中国消费者口味的乳制产品。

在互联互通方面，白俄罗斯作为欧亚交通枢纽继续发挥重要作用。白俄罗斯地理位置重要，境内交通基础设施较发达，是连接俄罗斯与欧洲的桥梁，85% 以上的中欧班列过境白俄罗斯。国铁集团的数据显示，2022 年开行中欧班列 1.6 万列、发送货物 160 万标箱，同比分别增长 6.7% 和 10%。俄乌冲突全面升级后，欧洲邻国开始对白俄罗斯跨境物流通道实施限制措施，促使白方更加积极地发展中白交通物流合作。白方指出，2022 年白俄罗斯通过铁路对华发运 12 万个 20 英尺标箱货物，同比增长 6.5 倍，主要是木材、钾肥（超过 100 万吨）和牛奶。2023 年 1 月，中欧班列武汉至白俄罗斯实现双向对开。据白俄罗斯国家通讯社报道，2023 年中白两国元首会晤期间，双方确认了位于天津、青岛和重庆的交通物流和贸易中心，并商定通过提供财政补贴降低白俄罗斯商品的物流成本。2023 年 6 月白俄罗斯钾肥通过中欧班列（中豫号）专列运抵郑州。

中白工业园是中白两国领导人 2010 年确定的战略性合作项目，2015

年开始实质性开发建设。园区位于白俄罗斯明斯克州，临近明斯克国际机场，占地面积约 117 平方千米，规划开发面积约 91.5 平方千米。截至 2023 年 6 月底，中白工业园共有来自 16 个国家的 114 家居民企业，协议投资额 13.6 亿美元。常住企业员工达 2559 人。居民企业的产品出口额为 6330 万美元，出口值增幅超 113.4%。业务涵盖机械制造、电子商务、新材料、生物医药、人工智能、5G 网络开发等多个领域，累计合同投资额超 13.3 亿美元。2022 年，园区企业净利润 3410 万白俄罗斯卢布（约合 1351 万美元），同比增长 1.4 倍，为当地提供就业岗位超万个，员工属地化 80%。2023 年上半年中白工业园的主要业绩指标较 2022 年同期大幅增长。园区居民企业的工业总产值同比增长 55.2%，达 3.277 亿白俄罗斯卢布；货物、工程、服务的销售收入同比增长 64.4%，达 4.778 亿白俄罗斯卢布，其中白俄罗斯对外销售收入同比增长 51.2%。园区企业总体净利润达 3060 万白俄罗斯卢布。中白工业园的目标是建设国际化、产业化、数字化、生态化园区。工业园分为四个区，一区工程建设生态绿化总面积达到 183 公顷，占规划总面积的 21%，其中原生态保护面积 170 公顷。

在人文交流方面，后疫情时代，双方人员往来增多。白俄罗斯自 2018 年 8 月起对华实施免签政策，入境期限 1 个月。在两国元首以及中白政府间合作委员会教育合作分委会推动下，中白教育合作发展迅速，合作领域包括建立教育联盟、推动双向留学、硕博联合培养、联合科研、科技创新、复合型人才培养、发展职业教育合作等。中白国际教育合作联盟建设积极推进。在"一带一路"框架下，国家留学基金管理委员会正在实施促进与白俄罗斯国际合作培养项目，每年都遴选和资助中国学生赴白俄罗斯留学，受到中国高校学生的欢迎。目前，中国在白俄罗斯留学生已接近 8000 人，白俄罗斯在华留学生数百人。据中国驻白俄罗斯使馆教育处介绍，未来中国赴白俄罗斯留学生数量还会继续增长。据白方介绍，截至 2022 年 10 月，中白双方已经制定 30 多个联合办学项目规划，中白高等教育机构共签署了 540 多份合作协议，白俄罗斯有 35 所中等教育机构、11 所高等教育机构将中文作为一门学科来开展教学及研究。2023 年中国政法大学、广东交通职业技术学院、广东铁路职业技术学院等院校与白方院校签署合作文件。目前，中国在白俄罗斯开设六所孔子学院和两所孔子课堂，学习汉语蔚然成风。

未来一段时期，俄乌冲突继续延宕的可能性较大，但蔓延至白俄罗斯境内的可能性很小，白俄罗斯有望继续保持现状，并延续现有内外政策。2024 年 2 月，白俄罗斯将举行地方选举和议会选举，政治社会形势恶化可能性较小，经济形势正在逐渐好转。中白两国元首都非常重视双边关系。在与卢卡申科总统会谈时，习近平主席强调："中白友谊牢不可破，双方要不断增进政治互信，始终不渝做彼此的真朋友和好伙伴""要充分发挥两国政府间合作委员会作用，扩大经贸合作，建设好中白工业园，以共建'一带一路'为主线，推进中欧班列等互联互通建设合作。要深化医疗卫生合作，拓展地方合作，密切人文交流，让中白友好更加深入人心。"[1] 国际货币基金组织 2023 年 7 月 25 日发布的《世界经济展望》报告预测，2023 年中国经济增速为 5.2%，远高于全球经济 3% 的增速。因此，中国将有能力继续对白俄罗斯和其他共建"一带一路"国际合作伙伴进行投资。在这种情况下，中白关系有望继续保持上升势头，并将着力发展在数字经济、绿色经济、创新发展等领域的合作。

---

[1] 《习近平同白俄罗斯总统卢卡申科举行会谈》，新华社北京 2023 年 3 月 1 日电。

突发因素对中白工业园的影响剖析

中国深圳综合开发研究院理事、中白工业园首任首席执行官、

浙江树人学院白俄罗斯研究中心客座教授　胡　政

自 2020 年至 2023 年上半年的三年半时间里，中白工业园是在三个重要的突发因素背景下生存发展。这三个突发因素：一是 2020 年年初暴发的全球性新冠疫情，一直持续到 2022 年年底左右，对全球人类社会产生意想不到的多重重大影响，由此引发的政治经济解读更是远远超出疫情本身；二是 2020 年 8 月由反对派发起以抗议总统大选"计票舞弊"为导火索引发白俄罗斯国内出现的大规模的抗议示威，白俄罗斯安全和政治风险陡然上升，卢卡申科总统强硬回击抗议活动，构成白俄罗斯国家独立以来一次相当严峻的政治危机；三是 2022 年 2 月爆发的俄乌冲突，由于与俄罗斯立场相近，白俄罗斯受到美欧的严厉制裁，欧白经济往来被切断，欧白改善关系的进程终止，一直延续至今，前景仍难预测。这三大因素尽管必然有着深刻、复杂的形成因素，但都具有突发性特点，具有"黑天鹅事件"的基本属性。这些因素对身处白俄罗斯的中白工业园产生了重大影响。

一、三大突发因素爆发前，中白工业园处在快速崛起的上升期

自 2015 年下半年正式进入实质性开发至 2019 年 12 月，是中白工业园从"一张白纸"起步，从无到有的创业开发阶段。截至三大因素爆发前的 2019 年 12 月，中白工业园的开发状况主要可以概括为以下几个方面：

（一）中白工业园一期基础设施配套开发建设基本完成，完全具备了大规模招商引资的必要条件

经过四年开发建设，建成一期 8.5 平方千米范围内的全部基础设施，累计铺设园区道路 30 千米，建成给水、排污、雨水、电缆、照明、天然气通行等各类配套管网总长 314 千米。形成经营性土地 515 公顷，建成标准厂房 9 万平方米，中国政府累计援助资金 3.93 亿元人民币，建成110 千伏电站、污水排放设施、中白科技成果产业化创新中心和园区企业员工公寓等公共配套设施。招商局集团投资 1.5 亿美元建成中白商贸物流园一期工程，园区道路、供电、供水、供气、电信网络、银行服务、公共交通、商务中心、员工公寓全部从无到有实现零的突破。中白工业园已经形成一个具有一定的初期规模、较为完善的基础配套设施、适应现代产业聚集的国际化产业园区和生态化产业城市雏形，在不到四年的时间里完成了中白工业园创业期，一个崭新的工业园区矗立在了丝绸之路经济带上，成为共建"一带一路"倡议标志性工程。

（二）园区在欧亚区域产生重大影响，对投资者形成较强的吸引力

截至 2019 年 12 月，中白工业园已引进 15 个国家投资的入园企业项目 50 个，协议投资额 10.94 亿美元。其中中国资本企业 22 家，协议投资额 6.35 亿美元，占比 58%；白俄罗斯资本企业 11 家，协议投资额 5568.24 万美元，占比 5%；第三国投资及合资企业 16 家，协议投资额

4.05 亿美元, 占比 37%。其中招商局商贸物流园、潍柴动力、中联重科、美国激光等一批项目都已进入正常运营。中国、德国、白俄罗斯、俄罗斯四方企业组建合资公司铺设铁路支线、建设物流场站, 拟将中欧班列引进园区的铁路项目也已经列入日程。中白工业园初步形成品牌, 受到欧亚国家广泛关注, 成为共建"一带一路"国际合作倡议具有较高影响力的实体项目。

(三) 园区管理基本成型

白俄罗斯政府先后于 2012 年、2014 年、2017 年三次制定、修改完善中白工业园总统令, 使中白工业园具备了较为完备的法律保障和运营环境, 支持中白工业园入园企业的优惠政策不断得到优化完善。中白政府间合作委员会、中白工业园管委会、中白工业园开发公司三级管理体制全部建立, 运转正常。经白俄罗斯内阁批准, 2018 年 10 月在园区设立了海关监管机构, 中白工业园可以开展保税加工、保税物流、保税交易等海关监管业务。

进入 2020 年的中白工业园正处在由开发创业的 1.0 版本向产业聚集、全面运营、高质量发展的 2.0 版本提升迈进的历史节点。

二、三大突发因素背景下砥砺奋进的中白工业园

2020—2022 年三年间, 中白工业园在三大突发因素的重大影响下艰难前行。其基本特征是: 虽然困难重重, 但仍继续奋力前行; 虽然压力巨大, 但抑制了住了大幅滑坡; 虽然不达预期, 但仍有业绩可言。

(一) 继续引进投资项目

招商引资事关工业园兴衰成败, 引进投资、聚集产业是产业园区的头等大事。在 2019 年已引进 50 个投资项目, 协议投资额 10.94 亿美元基础上，2020—2022 年三年在三大突发因素影响下仍然增加入园企业 50 个，增加协议投资额约 2.22 亿美元。其中中资企业 20 个，协议投资额 1.18 亿美元，占比 54%；白俄罗斯企业 20 个，协议投资额 4273 万美元，占比 20%；第三方投资或合资企业 10 个，协议投资额 5833 万美元，占比 26%。

截止到 2022 年年底，中白工业园引进来自 15 个国家投资的入园企业 100 家，累计协议投资额达到 13.15 亿美元。其中中资企业 42 家，协议投资额 7.53 亿美元，占比 58%；白俄罗斯资本企业 31 家，协议投资额 9838.47 万美元，占比 6%；第三方投资及合资企业共 27 家，协议投资额 4.62 亿美元，占比 36%。居民企业员工达 2149 人。

中白工业园统计显示，2023 年上半年，又增加新入园企业 14 家，新增协议投资额 3988 万美元。截至 2023 年 6 月底，中白工业园共有来自 16 个国家的 114 家居民企业，协议投资达到 13.56 亿美元。

（二）园区运营持续不间断

中白工业园开发公司 2022 年全年主营业务收入 2203.17 万白俄罗斯卢布，同比增长 68.6%。居民企业的产品出口额为 1.684 亿美元，出口值增幅超 30%。园区经营性设施租售情况：通用厂房可租售面积 80 885 平方米，已租售 60 410 平方米，占 76%；办公楼、研发中心可租售面积 21 309 平方米，已租售 9856 平方米，占 46%。员工公寓 156 套 13 470 平方米，出租率达到 91%。2023 年上半年，中白工业园开发公司实现收入 989.07 万美元，同比增长 39.98%。

（三）积极依靠创新带动发展

2022 年 6 月，由白俄罗斯政府官方独家授权中白工业园经营的电商平台"白俄罗斯国家馆"开始进入试运营，白俄罗斯特色产品首次以国家授权品牌形式在中国电商平台亮相，标志着中白工业园跨境电商贸易和中白贸易合作新模式的正式开启。截至 2022 年年底，"白俄罗斯国家馆项目"累计销售额达 123.7 万美元，抖音平台粉丝数近 70 万，访问获赞超 330 万人次。该项目不仅成了中白文化交流的重要窗口，也是白俄罗斯产品进入中国的最佳销售渠道，受到了两国政府的高度关注。

中白工业园之所以在突发因素严重影响下尚能够顶住压力、扛住滑坡，仍能有所作为，主要有以下原因：

一是两国政府一以贯之的高度重视和关注、支持。自 2010 年 3 月两国领导人倡导中白工业园项目，2015 年两国元首亲临视察中白工业园，历次会见会面、历次联合公报，均宣示关注、支持中白工业园，将中白工业园作为中白两国经贸合作战略性综合平台，依托中白工业园开展两国经贸领域务实合作。

2022 年 9 月 15 日，国家主席习近平在撒马尔罕国宾馆会见白俄罗斯总统卢卡申科。两国元首决定，将双边关系定位提升为全天候全面战略伙伴关系。在两国联合声明中专门写入："双方将共同努力把中白工业园建设为国际化合作项目和明斯克市卫星城。双方认为，招商引资和推动中医药传承创新将进一步推动工业园发展。中方愿继续支持本国大型生产企业和高科技企业入驻工业园，积极推进多式联运铁路站合作项目建设。"

在园区开发公司和管委会的共同推动下，卢卡申科总统于 2021 年 6 月 11 日签署了第四版中白工业园总统令，并于当年 9 月 17 日正式生效。与上一版总统令相比，本次新版总统令重点在园区基础设施维护补贴、吸引初创企业、鼓励包括中医药在内的生物医药产业发展等多个方面提供了新的法律支持。同时授予园区管委会更多的行政审批权力，以提高审批效率。

二是中白工业园一直保持了稳定的园区管理体制。中白工业园所具有的中白政府间合作委员会、中白工业园管委会、中白工业园开发公司自建立以来一直稳定运作，不受外界突发因素变化影响。特别是以中国两大央企为主联合控股的园区开发公司坚定践行共建"一带一路"倡议，人员不撤、力度不减、压力之下砥砺前行。2020 年后的三年间园区开发公司股东继续增加资本金 2200 万美元，使公司资本金投入达到 1.7 亿美元，有力支持了中白工业园建设和经营。

三是持续改进营商环境，弥补缺陷，争取扩大园区影响力和吸引力。中白工业园坚持不断整合自身优势，以变应变。大的项目少了，就引小的；外来的少了，就引国内的；疫情影响受限，就开展线上的。因此才有了逆势发展的难得局面。2023 年 6 月 1 日白俄罗斯总统卢卡申科签署的当年第 161 号总统令，为在中白工业园区开展医疗活动创造更多条件，生物医药项目陆续入园，已占到入园企业的四分之一。白俄罗斯授权以"白俄罗斯国家馆"名义建立中白工业园跨境电商平台，以中白工业园为"中国商品和服务（白俄罗斯）展览会"固定举办地，支持中白工业园开展专有资源大宗贸易等。2023 年 6 月在中白工业园举办的第二届中国商品和服务（白俄罗斯）展览会，这也是疫情以来园区第一次线下大型展会，三天时间里 131 家展商参展，特邀到场对接洽谈嘉宾超 200 人，到场参观公众近 8000 人，专业采购商超 1100 人，实现意向成交额近 2000 万美元。

三、三大突发因素对中白工业园造成的严重影响

尽管中白工业园在重大突发因素影响下顶住压力继续前行，但由突发因素带来的内外部环境变化对中白工业园构成重大挑战，其造成的严重影响短时间难以消除。

（一）欧白关系全面受损，中白工业园作为进入欧盟市场"桥头堡"的优势在目前地缘政治环境下难以恢复

白俄罗斯地处欧盟与欧亚经济联盟两大经济体的结合部，是中亚进入欧洲的陆路通道必经之地，具有十分明显的区位优势，依托中白工业园进入欧洲是相当一部分中国企业选择在白俄罗斯投资的初衷；而利用中白工业园政策优势、地理优势进入欧亚经济联盟市场、进而延伸至广大的中国市场又是大多数欧资企业的理想期待。俄乌冲突爆发以来，白俄罗斯被西方国家视为俄罗斯的"坚定盟友"而遭受到全方位的高强度经济制裁，致使欧白关系降到冰点，一度看好中白工业园的欧美投资者纷纷终止了投资方案，如拟购地 20 公顷入园投资的德国铝制品公司 Alutech 拟投资项目。欧洲公司借助中白工业园和欧亚经济联盟进入俄罗斯及中亚市场，中国企业借助中白工业园进入欧洲市场的投资战略难以实现。园区开发公司招商引资团队赴德国、波兰拜访客户，反馈均不理想，欧盟企业均表示短期内不会有投资计划。即使对中白工业园抱有兴趣的企业也表示需要等待俄乌冲突结束后，才能进一步研究实际投资事宜。随着俄乌冲突的进一步加剧，部分已入园的欧美企业也存在退园退租风险。例如，引进中欧班列铁路线进入园区的重要参与者德国杜伊斯堡港务集团已宣布退出，导致项目推进受阻。

（二）中国企业受新冠疫情和国际环境变化影响，投资持谨慎态度

中国企业是中白工业园的重要支柱。截至 2023 年 6 月，园区 114 家入园企业中，中国企业 52 家，协议投资额 7.69 亿美元，占全部协议投资额的 56%。其中 2019 年 12 月前 50 家入园企业中有中国企业 22 家，协议投资额 6.34 亿美元，占 50 家入园企业协议投资额的 57%；2020 年至 2023 年 6 月新引入的 64 家入园企业中有中国企业 26 家，合同投资额

1.35 亿美元，占 64 家入园项目协议投资额的 52%。受新冠疫情防控、航班熔断和俄乌冲突影响，一直以来作为中白工业园投资主力军的中国企业迫于环境也减少了来往，交流受限，欧白紧张的国际关系也大大降低了中国企业的投资热情，转而持观望、谨慎态度。2020 年以来已有一些企业要么退出，要么处于"暂停"状态，这在一定程度上对园区发展产生较大影响。

（三）经营条件恶化

新冠疫情和俄乌冲突对包括中白工业园在内的白俄罗斯生产供应链造成重大冲击，原材料短缺，物流通道受阻，物流成本高涨，加大企业运营成本，企业难以承受。白俄罗斯作为内陆国，畅通、安全、低成本的物流通道对其具有至关重要的意义，突发因素造成人流物流受到严重影响。欧盟出台禁止俄白货车进入欧盟境内的制裁措施，随即白俄罗斯出台对等报复措施，禁止欧盟货车进入白俄罗斯境内。白俄罗斯去往欧洲的航班受到制裁，波罗的海出海通道受到欧盟国家封闭，黑海出海通道受到俄乌冲突的战争影响，只有东向的俄罗斯、中亚、土耳其等对外通道得以维持，中欧班列成为唯一可通行的大宗货物进出口贸易的物流干线，而物流成本的大幅提升造成企业经营成本压力。以明斯克国际展会中心项目为例，该项目是中白工业园标志性重点工程，2019 年开工不久后即受到突发因素影响。首先是欧盟对白俄罗斯实施针对性经济制裁造成水泥断供，白俄罗斯自身不生产水泥，市场上约 45% 的水泥来自立陶宛，受制裁影响，立陶宛方面在对白俄罗斯进行水泥禁运的同时大幅提高水泥价格，导致白俄罗斯市场水泥一时间供不应求，造成工程停工。其次，明斯克国际展会中心通风机组设备在俄乌冲突爆发前已下单采购，采购品牌为 Aerostar，该设备生产厂家位于乌克兰东部城市哈尔科夫，俄乌冲突爆发后，项目订购的 19 台通风机组尚未来得及出场发运，最终这批在乌克兰生产的 19 台通风机组途经斯洛伐克、捷克、波兰、立陶宛等国，历经波折，物流成本成倍增加，导致安装工作不得已跨越了白俄罗斯寒冷而漫长的冬季，该项安装工作较计划滞后了约 8 个月。最后明斯克国际展会中心项目酒店管理系统采用瑞典品牌 Vingcard 门禁系统，该品牌为国际一流门禁品牌，兼容 Oprea 或 Fidelio 等主流酒店管理系统。项目于 2022 年 7 月份与供应商签署采购协议，因白俄罗斯受到金融制裁无法与欧盟进行资金往来，最终不得已终止合同。

（四）受欧美制裁打压，白俄罗斯经济处于困难状态

在欧美制裁下，白俄罗斯经济雪上加霜，货币贬值，日用品价格成倍上涨。2022 年白俄罗斯按可比价格计算国内生产总值为 1914 亿白俄罗斯卢布（按白俄罗斯央行年度汇率折算为 730.56 亿美元）同比下降4.7%；工业产值为 1696 亿白俄罗斯卢布，同比下降 5.4%；白俄罗斯实体经济吸引外资继续呈下降趋势；2022 年 7 月 15 日，信用评级机构穆迪将白俄罗斯评级由 B3 下调为 Ca，下调了四级。这反映出白俄罗斯经济环境正面临严峻形势，这对于中白工业园来说将是躲不开的"漫长冬季"。

四、关于中白工业园与中白经济合作的思考

（一）中白工业园仍将是中白政治经济合作的重要平台和抓手

中白全天候全面战略伙伴关系需要实实在在的抓手和载体平台。回顾十多年来发展历程，最具代表性、合作规模最大的项目就是中白工业园，得到两国元首高度认可并始终如一地予以关注支持，两国政府一直将中白工业园作为两国经贸合作的战略性合作平台，中白工业园也得益于中白两国稳定发展的政治基础。2016 年 6 月 24 日习近平主席在塔什

干会见卢卡申科总统时指出："要以中白工业园项目为抓手，深化大项目合作，带动两国贸易、投资、金融、地方合作全面发展，推动'一带一路'建设。要加强人文交流，保持双边关系和各领域合作发展势头。"[1]

中白工业园目前已经基本实现的价值体现在：

——中白经贸战略性合作综合平台；

——白俄罗斯国际合作的一张闪亮名片；

——白俄罗斯经济创新改革的试验田；

——丝绸之路经济带的标志性样板项目；

——践行共建"一带一路"倡议的探索试验基地；

——中国企业海外发展可依托的重要资源。

中白工业园应当具有的价值主要是：

——成为白俄罗斯经济增长的重要支撑点；

——成为中白经贸往来的稳定性平台与务实抓手；

——助力白俄罗斯经济发展并使之成为白俄罗斯国际合作的重要舞台；

——成为白俄罗斯经济发展制度创新的先行者；

——成为白俄罗斯产城融合发展的成功典范。

鉴于白俄罗斯的实际情况，尽管中白之间会有各种方式的合作，但中白工业园的坚实基础、合作项目的站位层次、已经形成的国际影响力、中白双方的期望是其他合作模式不可替代的，在一定时间内再有这样大规模的合作项目可能性也较小，中白之间完全可以依托中白工业园推进两国经贸领域的各种合作，并可借助中白工业园发展多边多元第三方国际经贸合作。因此，预期中白工业园将作为中白两国经贸领域战略性合

---

[1]《习近平会见白俄罗斯总统卢卡申科》，人民网塔什干 2016 年 6 月 24 日电。

作综合平台长时间存在、受到重视和利用。同时也应看到，中白之间有这样一个重要的合作平台只要用好，是完全可以有所作为的。因此中白工业园应当是研究中白经贸合作关系长期关注的对象。

（二）借鉴双循环理念，应对和适应白俄罗斯国际环境变化，积极发展内循环市场

白俄罗斯国内市场有限，是一个以外向型经济为主的国家。中白工业园基本定位就是瞄准欧亚经济联盟和欧盟两大经济体，走外向型经济发展之路。三大突发因素造成面向欧美的外向型发展受到严重阻碍。因此，应建立新的经济循环理念，调整市场定位，及时转向包括白俄罗斯自身市场和欧亚经济联盟市场的内循环市场和"向东看"的外循环市场。

就内循环市场来说，包括白俄罗斯自身和欧亚经济联盟两个市场。应加强白俄罗斯国内经济与中白工业园的联系，充分利用中白合作优势、利用中白工业园政策优势，发展满足白俄罗斯市场需求、填补白俄罗斯制造业空白的产业，重点鼓励加强进口替代产品生产，向白俄罗斯企业敞开入园大门，使中白工业园成为白俄罗斯重要的进口替代生产基地。同时由于欧亚经济联盟实行关税同盟政策，贸易来往密切，相互依存度高，因此欧亚经济联盟是白俄罗斯的类内循环市场。围绕两个市场实际需求调整产业引进方向、鼓励开发生产适销产品、抓住由于美欧制裁进口产品受阻、欧美企业撤资造成的市场空缺，积极吸引白俄罗斯本土企业和欧亚经济联盟资本，强化吸引本地企业、开拓本地市场、满足本地需求、生产本地产品，以宽松的积极政策鼓励发展进口替代产品。目前中白工业园正在加快形成医药和机械制造领域的产业集群，这两个产业集群的主要发展动力就是在美欧经济制裁下，欧亚经济联盟急需替代原从西方国家进口的机械制造业产品，同时尚能够从包括中国在内的友好

国家购买相关机床和设备，以开展进口替代产品的生产。

在充分利用和挖掘两个内循环市场的同时，积极实施东向战略，加大与中亚、中国的经贸合作，拓展进出口贸易领域，发挥各自贸易优势，增加贸易额，促进经济发展稳定。

（三）调整产业定位，更加灵活地引进投资项目

产业定位是中白工业园聚集产业的政策指引。中白工业园一开始的产业定位面临的实际情况存在差距，主要偏于引进高新科技产业，并收窄了项目引进。招商引资关乎产业园区的兴衰成败，是产业园区生存发展的重中之重。特别是在外部环境十分不利的情况下，中白工业园应面对现实，因应变化，对园区产业定位进一步作出必要调整。应当尽快对引进项目实行负面清单管理，扩大产业门类，降低引进门槛，加大优惠政策力度。包括：放宽对装配加工业的限制、降低国产化率、延长实现国产化率的时限、降低进口零配件关税、发展保税加工、保税交易等；高度重视解决中白两国标准认证合作；加大中医药产业合作力度、实质性推动中医药产业落地等。

（四）支持园区建立和强化产业引进和贸易流通双平台功能

中白工业园始终定位为产业引进平台，在一定程度上限制了中白工业园的多元化经营。中白工业园作为中白之间战略性综合经贸合作平台，应当允许其具有产业引进和贸易流通的双平台功能。自 2019 年起中国商品和服务（白俄罗斯）展览会定位中白工业园，为中白工业园开展贸易活动营造了良好氛围。中白工业园无论其品牌，还是具体的经营能力都具备了开展贸易流通业务的有利条件。

2021 年 12 月 3 日，白俄罗斯总统卢卡申科签署了题为《关于发展白俄罗斯共和国和中华人民共和国双边关系》的第 9 号指令。其中就包

括鼓励发掘新兴业务发展机会，增加对华出口，并且将简化和加速白俄罗斯产品进入中国市场的流程列为重点任务之一，中白工业园可借此机会吸引中国国内知名电商或直播平台等领域合作伙伴，落地中白工业园开展新兴业务，将白俄罗斯特色产品销往中国。另一方面也可以充分发掘白俄罗斯本地自然资源，发掘中国市场需求潜力，丰富白俄罗斯对华出口的类目及份额。新兴业务的开展还包括交易展示、展览等商业活动的开拓，有助于盘活中白工业园的办公室、展览空间等空置面积。2022年，中白工业园开发公司总收入1348.5万美元，主要是由退税收入、不动产收入、基础服务收入、银行理财收入、土地收入构成，收入结构仍较为单一。2022年中白工业园开发公司以白俄罗斯泥炭为绿色生态主打产品，推进白俄罗斯泥炭技术改良，产品升级，并对接中国市场需求，助力中国土壤改良、基质育种市场发展。9月22日，中白首列泥炭班列从白俄罗斯顺利发出，销往中国市场，为该业务的进一步深入推进打下良好基础。

因此，应将中白工业园定位为中白两国开展大宗贸易的基本合作平台，特别在木材、泥炭、粮食等大宗农产品出口方面发挥中白工业园的重要作用，同时支持园区发展产品包装业，提升白俄罗斯产品包装质量。

（五）扩大中白工业园开发公司经营领域，平衡开发公司经营收入

中白工业园地处白俄罗斯首都明斯克近郊，但相关规定中白工业园开发公司只能在园区内投资，这在一定程度上限制了中白工业园开发公司的经营领域和经营空间，使之缺少促进投资与经营互补的机会。然而，中白工业园开发公司是保持中白工业园长期经营、稳定发展的重要保证，其经营绩效对中白工业园生存发展至关重要。因此，应当大力支持中白工业园开发公司增加"造血功能"，特别是解决开发公司经常性经营现金流的流入问题。白俄罗斯政府应支持中白工业园开发公司适度开展区

外投资经营，允许中白工业园开发公司利用首都明斯克的有利条件适度开展区外投资经营。白俄罗斯政府应以优质项目、见效快项目、投资安全系数高、风险可控项目对中白工业园开发公司给予必要支持，以实现长短结合，经营互补，拓宽中白工业园开发公司改善经营的渠道，以支持中白工业园开发公司有能力持续投资经营中白工业园。

（六）放宽中白工业园债务期限，减轻园区债务压力

截至 2022 年 12 月中白工业园开发公司使用银行贷款 1.39 亿美元，按照贷款条件 2021 年 12 月 31 日到期，后宽限顺延至 2022 年 3 月 31 日。

截至 2022 年 1 月 31 日，中白工业园开发公司已偿还中国进出口银行贷款本金 3400 万美元（其中 2021 年偿还 1275 万美元，2022 年 2125 万美元）。而 2022 年，开发公司总收入只有 1348.5 万美元，面临严重的流动性风险，为减少银行还贷压力，只好采取增加股东资本的方式来支持中白工业园开发公司运营。

产业园区开发运营不同于其他投资项目，具有前期投入大、经营时间长、投资回收慢的特点，因此需要合理放宽园区开发债务期限，减轻园区短期还贷压力。同时应考虑制定海外园区开发基金或海外园区专项贷款，在坚持商业贷款的基本前提下，根据海外园区投资运营特点制定相应贷款政策，在规模、利率水平、特别是贷款期限上体现海外经贸合作区的特点和政策支持。

从"全面战略伙伴"到"全天候全面战略伙伴"

——中白关系的十年跨越

浙江树人学院白俄罗斯研究中心　王宪举　杨丽萍　寿家睿

从在台湾问题等方面坚定支持中国核心利益,到代表发展中国家在联合国发言支持中国的人权立场;从创建中白工业园,到建设中欧班列重要交通枢纽,白俄罗斯不仅是中国人民的"铁哥们"和"全天候朋友",也是共建"一带一路"倡议的最早参与者和最坚定的支持者之一。

一、政治关系不断巩固与发展

2013 年 7 月,白俄罗斯总统卢卡申科访华,两国宣布建立"全面战略伙伴关系"。时隔半年,时任白俄罗斯总理米亚斯尼科维奇访华,签署了《中白全面战略伙伴关系发展规划(2014—2018 年)》。

2015 年 5 月 10 日,中白双方签订《中华人民共和国和白俄罗斯共和国友好合作条约》,为两国关系进一步发展奠定了坚实的法律基础。

2016 年 9 月,卢卡申科总统再次对中国进行国事访问。双方表示"将本着相互信任、合作共赢、世代友好的原则,不断深化政治互信和各领域合作，增进民间往来和人文交流，充实中白全面战略伙伴关系内涵，发展全天候友谊，打造利益共同体和命运共同体"。

2022 年 9 月 15 日，在乌兹别克斯坦撒马尔罕出席上海合作组织成员国元首理事会期间，习近平主席和卢卡申科总统举行会晤，双方总结了建交 30 年来、特别是 2013 年以来各领域合作取得的成就，基于提升双边关系水平、体现中白关系示范作用和进一步推动两国各领域合作的共同意愿，鉴于当前国际和地区形势的深刻变化，双方一致决定将中白关系提升为全天候全面战略伙伴关系。

在中国的国际伙伴关系中，"全天候全面战略伙伴关系"这样的表述并不多见。这首先基于中白两国都坚定支持对方的核心利益，在命运攸关的原则问题上相互支持。2019 年 10 月 29 日，在联合国大会社会、人道主义和文化委员会会议上，针对某些西方国家在新疆问题上对中国的诽谤和挑衅，白俄罗斯代表 54 个国家作共同发言，积极评价中国在新疆反恐和去极端化举措的成效，认为这些举措扭转了新疆安全形势，有效保障了新疆各族人民基本人权；2021 年 3 月 5 日，针对一些西方国家对香港国安法的责难，白俄罗斯代表 70 个国家在人权理事会第 46 届会议上作共同发言，强调香港事务是中国内政，外界不应干涉；2022 年 8 月 2 日，时任美国众议院议长佩洛西窜访台湾后，白俄罗斯外交部发表声明，对美方干涉中国内政、使局势升级的破坏行动表示关切，并强调坚持一个中国原则，支持中国为实现国家统一采取的必要措施。

对于中方提出的共建"一带一路"倡议，卢卡申科总统认为共建"一带一路"是一个具有历史意义的倡议，将为世界经济创造新的增长点。他两次参加"一带一路"国际合作高峰论坛，为倡议的推广和落实"鼓与呼"。时任白俄罗斯总统办公厅副主任斯诺普科夫也表示，"共建'一带一路'倡议的提出，不仅保障了国家间的互利合作，还推动了地区间各领域的协调发展，给丝绸之路沿线国家人民带来实实在在的福利。"他认为，在"一带一路"框架下开展的欧亚大陆桥建设与白俄罗斯的优先发展方向相契合。"白俄罗斯愿意在欧亚地区扮演联结枢纽的角色，不断推进交通物流联通和信息流通。"[1]

对白俄罗斯的自身发展和安全关切，中国也同样给予了有力支持。对白俄罗斯国内一度出现的局势动荡和西方对白俄罗斯的制裁，中国明确表示反对外部势力干涉白俄罗斯内政，尊重白俄罗斯根据本国国情自主选择的发展道路。中国积极支持上海合作组织接纳白俄罗斯为正式成员国，认为白俄罗斯的加入将增强上合组织的国际地位，在国际事务与地区合作中发挥更大作用。

二、合作成果丰硕

中白两国良好的政治关系不断巩固和发展，而共建"一带一路"倡议正是两国关系不断发展的重要因素。十年来，中白两国共建"一带一路"取得了一系列成果，主要表现在以下方面：

贸易额大幅增加。2012 年中白贸易额为 15.8 亿美元，其中中方出口 9.2 亿美元，进口 6.6 亿美元。2022 年中白双边贸易额达 50.8 亿美元，增长 2.2 倍。这使中国在白俄罗斯对外贸易伙伴中仅次于俄罗斯，跃居第二位。

贸易结构也发生很大变化。20 世纪 90 年代，钾肥在白俄罗斯对中国的总出口量中约占 70%。当时中国约 60% 的宜耕土地缺少钾肥，每年需要进口钾肥约 220 万吨。2017 年白俄罗斯开始向中国出口农畜产品，价值 990 万美元，2020 年增加到 2.55 亿美元，品种扩大到牛肉、鸡肉、牛奶、奶制品、菜籽油、亚麻纤维、食糖、淀粉、薯片及鱼产品。2022 年中国自白俄罗斯进口各类农产品总值达 6.49 亿美元，同比增长

---

〔1〕《白俄罗斯总统办公厅副主任斯诺普科夫："一带一路"倡议为沿线国家人民带来实实在在的福利》，http://www.xinhuanet.com/world/2016-12/03/c_129389128.htm。

51.59%。中国成为白俄罗斯农产品和食品的第三大出口市场。其中，使用中方优惠贷款、由中国企业担任总承包商的白俄罗斯全循环高科技农工综合体发挥了重要作用。

中白工业园、吉利汽车装配厂等具体合作项目成绩斐然。2015 年，中国人民银行与白俄罗斯共和国国家银行续签了规模为 70 亿元人民币的双边本币互换协议。中国国家开发银行对白俄罗斯 2 家银行提供 10 亿美元贷款。中国在白俄罗斯投资的美的微波炉、潍柴发动机、成都新筑超级电容等项目，填补了白俄罗斯工业领域的空白。两国在白俄罗斯的老电站和铁路电气化改造、公路改扩建、合资汽车厂、大型酒店、住宅小区建设以及通信技术方面的合作，都卓有成效。

白俄罗斯的优越地理位置使它成为中欧班列的重要枢纽。2017 年 5 月，白俄罗斯政府和中国政府签署了《发展国际货物运输和落实建设丝绸之路经济带倡议合作协定》，为两国在中欧班列方面的合作发展奠定了法律基础。随后，驶经白俄罗斯的中欧班列数量不断增长，货值不断增加，对保障国际产业链、供应链稳定畅通作出了贡献。仅 2022 年白俄罗斯铁路公司就向中国开行 988 列货运班列、运送近 12 万个标箱。

发展文化交流、促进民心相通是共建"一带一路"倡议的重要内容。中白双方为此做了大量工作。两国轮流主办"文化日"活动，包括互派音乐舞蹈团体、举办美术展等。2019 年，白俄罗斯在中国举办"教育合作年"，以吸引更多中国青年赴白俄罗斯学习。在白俄罗斯的中国留学生如今已超过 7000 人。中国在白俄罗斯开设了 6 所孔子学院和 2 所孔子课堂，在独联体国家中名列前茅。白俄罗斯学生热爱汉语，努力学习汉语，水平不断提高，很多学生在"汉语桥"等国际比赛中斩获优异成绩。2014 年至今，中国高校也建立了十余个白俄罗斯研究中心，部分高校还设立了白俄罗斯语专业或第二外语课程。

白俄罗斯全部六个州和明斯克市均与中国相关省市建立了友好关系，

其中明斯克市同北京、上海、深圳、长春 4 座城市结为友好城市,在各领域保持友好往来和良好合作。2021—2022 年,在"中白地方合作年"框架下,中白共同举办 160 多场精彩纷呈的地方合作交流活动,有力促进了两国人民之间的相互了解与友谊,夯实了"铁哥们"关系的民意和社会基础。

2018 年 8 月 10 日起,中国和白俄罗斯互免持普通护照人员签证协定生效。白俄罗斯也成为独联体地区率先对持普通护照的中国公民实行免签的国家。"白俄罗斯旅游年"的举办也吸引更多中国游客到访白俄罗斯。据统计,2019 年中国出境游新兴热门消费国家排在前三位的是白俄罗斯、印度和缅甸,其中前往白俄罗斯的消费增幅远远高于其他国家,为 3000%[1]。

在抗击新冠疫情期间,中白两国人民互相支持,体现了"患难见真情"的真挚友谊。2020 年年初新冠疫情暴发,1 月 30 日,白俄罗斯政府派军机运送第一批 20 吨援助物资到武汉。2 月 6 日,白俄罗斯军方一架伊尔-76 专机运载的第二批 20 吨物资抵达北京,包括外科医用防护服、口罩、手套、碘酒、防护服、消毒液及其他医疗用品。当中国抗击新冠疫情斗争取得明显成效后,中国援助的大量防护服、核酸检测试剂盒等 30 吨防疫物资运抵明斯克。截至 2022 年 11 月,中国分七批向白俄罗斯提供了 950 万剂新冠疫苗。

三、中白合作的宝贵经验

中白在共建"一带一路"国际合作中取得的成绩并非偶然,其主要经验有以下几点:

国家领导人高度重视。习近平主席于 2010 年 3 月和 2015 年 5 月两

---

〔1〕《中国游客全球购物目的地排行榜出炉:想不到这个国家吸金最多》,http://k. sina. com. cn/article_5787187353_158f1789902000w9nd. html。

次到访白俄罗斯，14 次同卢卡申科总统会晤。卢卡申科总统 13 次访华或来华出席国际活动，每次国事访问都把中白关系提升到一个新的水平。即使在疫情期间，两国领导人也通过信函、电话通话等方式，不断就双边关系和国际形势交换意见。十年间，两国副国级以上高层访问超过 60人次。这对中白关系的持续发展发挥了引领作用。

务实高效的工作机制。中白政府间合作委员会由两国副总理牵头，下设经贸、文化、科技、教育四个分委会，每两年举行一次会议，制定下个阶段的计划和执行方案。这些工作机制对双边合作文件的执行和落实起了监督和保障作用。

不断创新的合作形式。从创办中白工业园到建设中欧班列枢纽，从向中国出口农畜产品到中国投资在白俄罗斯建造全循环高科技农工综合体，从白俄罗斯申请成为上合组织观察员国到即将被批准为正式成员国，从互免普通护照签证到相互在对方首都建立文化中心，从建立白俄罗斯国立大学"共和国孔子学院"到在中国高校建立白俄罗斯研究中心，中白双方在"一带一路"框架下积极求索，共克时艰，锐意创新，不断前进。

前进的道路并非永远平坦和一帆风顺。在中白合作中，尽管还存在由于不同经济管理体制、不同市场经济认知等产生的分歧，但是"办法总比困难多"。在业已建立的良好政治、经济和人文合作基础上，中白全天候全面战略伙伴关系一定会不断发展，造福两国人民，也有利于亚欧地区的和平与稳定以及人类命运共同体的建设和发展。

第二单元

中白文化教育科技等合作

浅议丝路文化产业"走出去"

兰州财经大学国际经济与贸易学院　万永坤　王　博

无论是古丝绸之路还是如今的共建"一带一路"倡议，都是推动东西方政治、经济、文化交流的重要纽带。党的二十大报告指出，繁荣发展文化事业和文化产业，健全现代文化产业体系和市场体系。文化产业在国民经济发展中的地位进一步凸显，积极发展文化产业，促进文化产业和其他产业融合发展在新发展阶段具有重要意义。

一、丝路文化产业发展的新机遇

党的十八大以来，文化建设被摆在了治国理政的重要位置，经过多年的发展，文化的传承与发展取得突出成就，文化产业在国民经济发展中的比重逐年提高，社会主义文化强国建设取得了重大历史性成就。"十四五"以来，我国对文化产业发展规划更加明确具体，区域文化发展格局更加清晰，这为丝路文化产业发展带来巨大机遇。一是以黄河国家文化公园建设为主的黄河文化遗产廊道和文化旅游带建设，并着重发挥黄河青海、甘肃、内蒙古、河南、山东段重点建设示范引领作用，其他省份同步推进，这为丝绸相关文化产业发展带来了机遇。二是以甘肃等西北丝绸之路沿线省份为依托的西北丝绸之路文化产业带建设，促进产业聚集，加强文化产业国际交流的同时，打造兼具文化底蕴和时代特色的文化产品体系。三是以文化产业国际合作为重点，培育国际合作竞争新优势。《"十四五"文化产业发展规划》指出，要征集遴选150个以上"一带一路"文化产业和旅游产业国际合作重点项目，给予投融资、宣传推介、人才培训等支持和服务，这对于丝路文化发展是巨大机遇。

二、丝路文化对外交流中存在的问题

"十四五"开局以来，丝路文化对外交流形式多种多样，中国陆续组织和参加了中国（武汉）文化旅游博览会、中国-东盟情——2022 中国-东盟博览会旅游展主题省（甘肃）文化旅游推介会、上海合作组织"共享佛教遗产"大会等活动，推介丝路文化和相关产品，借助文旅部"欢乐春节"文化品牌活动，与日本、韩国、老挝、马来西亚、加拿大等驻外机构联合在线开展少儿书画展、新春民族交响乐等活动。在文化强国建设的带动下，丝路文化产业具有较强潜力和独特优势。但随着消费市场和消费理念的转变，丝路文化产业因缺乏系统化的品牌建设方案，未从理念、技术、设计、营销模式、服务等核心竞争力上形成品牌效应，在创新发展方面也存在较大挑战。

（一）人才短缺

人才是丝路文化产业发展的根本。丝路产业文化产业属于智力密集型产业，尤其近年来伴随着互联网快速发展，文化产业的发展对具有创造能力的复合型人才需求更加强烈，要求从业人员不仅要有文化产业所特有的文学艺术背景，还要兼具产业发展和管理方面的相关知识。但是我国高等院校对文化产业相关专业的人才培养存在不足，培养模式和体系与现实需求存在"错配"，在一定程度上不能适应地区文化产业发展的需要，没有形成良性的需求—生产—消费闭环，不利于传统丝路文化弘扬与丝绸国际品牌培育。

（二）丝路文化产业国际化水平低

丝路文化产业的国际化水平较低，主要表现在三个方面：一是区域性文化产业与国际市场的对接不够紧密，缺少国际化视野和战略思维，难以在全球舞台上站稳脚跟；二是除依托国内外相关展会和政府部门主办的文化交流活动外，缺少有效的营销方式，国际市场营销能力薄弱，本土化意识浓厚，地方文化企业的国际营销能力有待提升；三是文化产业缺乏品牌影响力，受到国际环境与行业发展水平的制约，在发展具有国际知名度和品牌影响力的文化企业与文化产品时存在一定的困难。

（三）缺乏创新驱动

丝路文化产业注重对传统文化的传承和保护，守正有余但却创新不足，对文化的宣传和保护上一直较为重视，但是对于文化和文化产业的相互协调、相互促进方面存在欠缺，尤其是在文化与新技术、新业态的创新融合发展上较为滞后，利用数字经济发展文化产业的举措较少，能够在互联网时代"出圈"的文化产品稀少。

（四）产业协同机制不完善

丝路文化产业间协同机制尚不健全，缺乏有效的合作与协同，主要表现在三个方面：一是企业之间缺少深度融合和互利共赢的机制和模式，难以实现资源共享和优势互补。二是跨行业之间缺乏协同，目前各地最为重视的是文化产业和旅游产业的融合发展，通过特色文化吸引国内外游客从而促进文化和旅游产业发展，但忽略了与其他行业的融合创新，限制了文化产业的发展。三是市场营销协同不足，缺乏有效的联合推广和宣传，导致产品推广力度不足，影响了产品的市场化程度。

（五）丝路文化与贸易发展失调

一直以来，通过参加各种博览会、论坛以及文化活动宣传丝路文化的特色，丝路文化的国际影响力和知名度在一定程度上得到了提升。但就现实情况来看，文化贸易发展水平与地区文化发展不相称，丝路文化走出去效果较好，但是文化产品走出去成效不明显。

三、加强中国文化产业对外合作的对策建议

加强文化交流合作，塑造丝路文化品牌，应立足丝路文化传播、数字技术应用、营销模式创新等，建设现代化营销体系、促进产业转型升级、树立国际丝路文化品牌，推动中国丝路文化走出一条从产品制造到文化创造再到品牌塑造的转型升级新路。

（一）充分发挥文化对于丝路文化产业发展的引领作用

深入挖掘产品的文化属性，以市场引领产品升级、丰富优质丝路文化创意产品，提高文化产品附加值。以消费促进供应链优化、以品牌建设树立产品形象，开创新时代高质量发展新局面。同时，坚定文化自信，打牢丝路文化国际化基础。此外，重视吸纳其他优秀文化元素，在产品的研发、生产、包装和设计上融入国际化元素，加强国外消费者对于丝路文化产品的认同感和接受度。

（二）推动丝路文化创新发展，打造丝绸行业新商业模式，拓展多样化营销组合方式

推动苏罗、杭罗、香云纱、艾德莱丝绸、柞蚕丝葛绸等地方特色产品创新开发，注重传统艺术价值、文化内涵与现代时尚流行元素的有机结合。引导企业发展品牌旗舰店、直营店、加盟店，扩大连锁经营规模，提升体验式购物服务质量。支持骨干企业引入社会资本，联合打造"百城千店"OMO 行业平台型商业新模式，推动丝路电商平台建设，鼓励丝绸生产企业开展电视购物、直播营销、内容营销、社群营销，通过线上主动引流促进线下消费。

（三）搭建"丝绸+"公共服务平台

升级"丝绸+旅游"产业发展，创新开展数字化、沉浸式、互动性等"丝绸+科技"文旅融合应用场景设计，培育科技赋能文旅新业态市场品牌。一是打造文化精品，通过开展口碑营销和 KOL 营销等方式，持续推出"出圈"的文化产品，诸如文化创意产品、演出等活动。二是加强丝路文化产业与新技术的融合创新，塑造丝路文化企业核心竞争优势。三是加强文化产业与制造业的融合创新，赋予制造业产品文化属性，丰富产品内涵，提高产品的文化附加值。四是加强文化产业与互联网的融合创新，使文化产业在产品形式、产品生产与企业经营中焕发出新生机。四是持续加大文旅配套设施建设，提高地方政府和相关企业的服务水平，对在丝路文化创新、商业业态以及产业融合模式等方面具有创新性的企业予以扶持。

（四）多平台聚人才，保障丝路文化传承及发展队伍

加强高校、职业院校及非物质文化遗产学科体系和专业建设，开设

丝路文化相关专业和课程，形成体系化的人才培养模式，尤其是加强对有人文背景和地区文化底蕴的复合型人才的培养。加强地方院校与文化企业间的联动，一方面，通过与文化企业的深入合作，有的放矢的培养学生、构建合理的专业知识体系；另一方面，通过将学生输送到企业参加实习实践活动，培养学生的动手能力和实际工作能力。同时，注重提高学生的文化素养及对地区文化的了解与认同，经常性地组织文化讲座、演出和参观品鉴活动，提高学生对文化产业的认知，以此培养出专业知识扎实，实践能力突出，有人文底蕴的复合型人才。

（五）加强丝绸非物质文化遗产的保护与发掘

推动建立以政府为主体、社会各界广泛参与的保护机制，大力弘扬丝绸传统文化。在有条件的县市设立知识产权保护机构，充分保障文化企业的权益，激发文化企业创新发展。建立不同省市间文化企业的协同发展机制，充分将地区优秀文化元素进行整合，取长补短，最大化扩大产品竞争力。推动非物质文化遗产传承与创新等，将进一步促进丝绸产业的发展。

共建"一带一路"倡议下的中白教育合作路径探析

——以天津外国语大学为例

天津外国语大学　付美艳　侯佳欣

中白友好交往的历史源远流长，2000 年前的古丝绸之路就早已将两国联系在一起。白俄罗斯是最早支持共建"一带一路"倡议的国家之一，是欧亚地区共建"一带一路"倡议的重要节点。多年来中白两国相互信任、合作共赢的全面战略合作伙伴关系不断向前发展，各领域合作项目数量和规模快速增长。中白两国建交以后，教育合作一直有序开展。2013 年中白两国建立全面战略伙伴关系、中国提出共建"一带一路"倡议以及中白工业园项目启动以后，中白教育合作进入了提速发展期。

天津外国语大学作为国内首所开设白俄罗斯语本科专业的高等院校，多年来在促进中白文化、教育交流，发展两国友好合作方面积极探索，开拓了一条理论与实践并重、合作与互利同行的发展道路。

一、天津外国语大学对白俄罗斯教育合作基本情况

天津外国语大学自 2000 年开始与白俄罗斯高校进行交流与合作，近

年来逐步拓展合作领域，在师生互派、文化交流、校际合作、教研协作等方面均取得了可喜成果。

2016 年 8 月 23 日，中国教育部和国家语言文字工作委员会在《国家语言文字事业"十三五"发展规划》通知中指出，"协同我国及'一带一路'沿线国家语言学研究力量，开展多语种语言人才培养储备状况调查及语言国情调查，建设适应国家对外开放重大战略需要的语言服务国家资源库"。为了助力共建"一带一路"倡议，及时为国家培养具有国际视野、通晓国际规则、能够参与国际事务与国际竞争的白俄罗斯语人才，服务国家和地区建设发展需要，天津外国语大学于 2016 年申报、2017 年经教育部批准设立白俄罗斯语专业，开始招收白俄罗斯语方向本科生，是国内第一所开设白俄罗斯语本科专业的高等院校。至 2023 年，天津外国语大学白俄罗斯语专业已招收四届本科生，形成隔年招生模式。2021 年，中国第一届白俄罗斯语专业本科生顺利毕业，就业率高达 100%。

为促进中白文化、教育交流，发展两国友好合作关系，2017 年 4 月，天津外国语大学成功举办"一带一路"视阈下中白高等教育合作论坛。论坛邀请白俄罗斯驻华大使馆、白俄罗斯国立大学、白俄罗斯国立师范大学、明斯克国立语言大学、白俄罗斯国立工艺大学等单位参会。论坛旨在促进中白两国在高等教育领域的交流，推进中白高校间的务实合作，为天津外国语大学白俄罗斯语新专业建设和发展搭建了良好的平台；2017 年 7 月，天津外国语大学 4 名师生应邀参加白俄罗斯"友谊的纽带"夏令营青年交流活动。本次夏令营根据白俄罗斯总统卢卡申科 2016 年 9 月 28—30 日和 11 月 18 日访华第 30 号备忘录，为了促进中白两国青年交流而举办。参加夏令营期间，学校师生与多所白俄罗斯校际合作高校深入交流，为拓宽中白高校纵深合作奠定基础；2017 年 11 月，天津外国语大学举办纪念白俄罗斯民族诗人雅库布·科拉斯诞辰 135 周年的诗歌快闪活动；2018 年 5 月，白俄罗斯国家电视台在上海合作组织媒体交流的框架下，录制了系列宣传报道中国的节目。其中，中白友谊、白俄罗斯语言、文化在中国的发展与研究是这次节目的重要组成部分，天津外国语大学作为重点宣传、报道对象参与录制。白俄罗斯语专业的同学们不仅朗诵了雅库布·科拉斯的诗歌，还聆听了白俄罗斯民族服饰讲座，亲身试戴了民族帽饰，试穿了民族服装，切身感受了白俄罗斯民族传统文化的魅力和底蕴。

2018 年 9 月，雅库布·科拉斯雕像落户天津外国语大学，该雕像是在中国落成的第一座白俄罗斯人物塑像。时任白俄罗斯驻华大使鲁德·基里尔博士和天津外国语大学陈法春校长共同为雕像揭幕。此次揭幕在白俄罗斯对外文化交流历史发展中具有重要的意义和作用，不仅对 2019 年中国"白俄罗斯教育年"产生积极影响，并且也促进中白文化交流进入新的发展阶段。

2019 年 5 月，在中国"白俄罗斯教育年"框架下，天津外国语大学顺利举办"白俄罗斯文化节"系列活动，其中包括："中白之夜"文艺汇演、白俄罗斯驻华大使做客第 14 期丝路讲坛、"聚焦可爱的白俄罗斯"摄影作品巡展、"中白文化视阈下的文学"国际学术研讨会等。值得一提的是，在这次活动中，中白高校共建的首个雅库布·科拉斯中心揭牌，该中心依托天津外国语大学和白俄罗斯明斯克国立语言大学两所高校，主要开展中白文学研究和作品互译、对外白俄罗斯语研究与教学、白俄罗斯语专业教材及教辅书籍编写等工作。该系列活动在白俄罗斯文化界、教育界引起强烈反响，被白俄罗斯各大媒体多次报道。

2020—2022 年新冠疫情期间，天津外国语大学白俄罗斯语专业积极转变工作思路，在国内外兄弟院校、白俄罗斯研究中心、雅库布·科拉斯中心的支持下，中白交流与合作继续保持稳定运行。为向世界讲好中国抗疫故事，天津外国语大学启动全球公益抗疫宣传系列活动。在 2020 年"世界卫生日"之际，用俄语、白俄罗斯语等 13 种语言创作反映中国抗疫过程的短视频作品《中国人民致新冠病毒的一封信》《我们都是战士》《在一起》，在中外网络媒体产生一定影响。2021 年，白俄罗斯语专业顺利承办"汉语桥·三国粹"线上白俄罗斯亲子团组交流项目。项目以"学中文，知中国传统艺术"为主题，以"内容丰富，注重体验，开展互动交流"为原则，以"引领学员发现汉语魅力，了解津城魅力，感悟中国魅力，讲好中国故事，传播好中国声音"为目标，以"家长和孩子共学汉语和中国文化"为特色，获得白俄罗斯明斯克第 23 中学、莫吉廖夫国立大学师生和家长的一致好评。

二、天津外国语大学对白教育合作主要路径

多年来，天津外国语大学在促进中白教育、文化交流，发展两国友好合作方面积极探索，主要形成师生互换、文化互动、学术互鉴三大合作路径。

（一）师生互换

师资是教育的生存之本，多元的师资体系能够有效保障人才培养、科学研究和社会服务的人才需要。天津外国语大学积极借力各种资源，组建中外联合精英教师团队，提升白俄罗斯语专业师资队伍水平。自2017 年白俄罗斯语专业建立以来，学校先后聘任 3 名高水平白俄罗斯籍专家、2 名客座教授、1 名专业中教为学生授课，此外，还多次聘请多名知名专家学者为学生做讲座。

学校与白俄罗斯多所高校、教育文化机构签署多领域多层次合作协议：2016 年 9 月，与明斯克国立语言大学、白俄罗斯国立师范大学、白俄罗斯国立大学、白俄罗斯国立工艺大学 4 所高校建立友好合作关系；2019 年 5 月，与白俄罗斯雅库布·科拉斯国家文学纪念博物馆、明斯克第 23 中学签署协议；2019 年 9 月，与白俄罗斯莫吉廖夫国立大学签署

合作协议，并于 2020 年 8 月签署有关本科生及硕士研究生互换补充协议。依托校际合作协议，迄今共有 20 余名师生受国家留学基金委、白俄罗斯教育部等项目资助，赴白俄罗斯进修或攻读学位。值得一提的是，首届白俄罗斯语专业本科生全部获得国家留学基金委资助，出国进修率实现 100%。

在中外教师团队的精心联合培养下，天津外国语大学白俄罗斯语专业学生培养质量持续提升。多名同学在首届全国白俄罗斯语口语大赛、白俄罗斯语智力创新大赛、第五届"斯科里诺夫阅读 2021：书籍在当代社会中的影响力"国际论坛、雅库布·科拉斯诞辰 140 周年纪念比赛中荣获一、二、三等奖，彰显了天津外国语大学白俄罗斯语专业的教学质量和培养水平。

(二) 文化互动

国之交在于民相亲，民相亲在于心相通。中白两国不仅在文化方面有很多相似之处，两国人民也有很多共同特征：诚信、宽容、坚毅、认真、忍耐、勤劳……人文交流合作一直是促进中白两国人民相知相亲的重要纽带，中白两国之间的文化互动有助于促进两国民心相通。

2023 年 3 月 1 日，中白两国发表《中华人民共和国和白俄罗斯共和国关于新时代进一步发展两国全天候全面战略伙伴关系的联合声明》，其中提到"欢迎中国天津市、重庆市、山东省青岛市等有关地方同白俄罗斯深化经贸合作"。天津市与莫吉廖夫州正式签署《中华人民共和国天津市和白俄罗斯共和国莫吉廖夫州深化合作行动计划（2023—2025年）》，进一步加强双方在教育、文化、体育和旅游等领域合作。2023年 5 月 16 日，天津外国语大学与白俄罗斯莫吉廖夫国立大学联合主办"天津市与白俄罗斯莫吉廖夫州教育领域圆桌会议"，既是"莫吉廖夫周"系列活动之一，是两地落实合作行动计划的具体行动，也是两地教育文化交流合作深化的新起点。

2023 年 10 月，在共建"一带一路"倡议提出十周年之际，白俄罗斯雅库布·科拉斯国家文学纪念博物馆代表团访问天津外国语大学，双方共同举办"丝路撷英"中白文化交流会暨雅库布·科拉斯诗作《新土地》发行 100 周年纪念展。在第三届"一带一路"国际合作高峰论坛成功举办之际，本次文化交流会的举办具有重要意义。天津外国语大学与白俄罗斯雅库布·科拉斯国家文学纪念博物馆续签友好交流合作协议，双方将继续发挥各自优势，通过组织交流研讨会、举办专业竞赛、互派代表团交流学习等方式，共同开展文化活动，促进中白文化交流，为服务中白全天候全面战略伙伴关系，为服务共建"一带一路"倡议和推动构建人类命运共同体贡献智慧和力量。

21 世纪以来，随着共建"一带一路"国际合作倡议的实施，以及非通用语种白俄罗斯语专业的开设，中白之间在文学方面的交流与合作日益广泛。近年来，白俄罗斯读者对中国文学的阅读和研究兴趣越来越浓厚，对作品的翻译质量要求也越来越高。为适应这一发展趋势，天津外国语大学白俄罗斯语组建团队翻译了《中国思想文化术语》系列丛书（4—9 册），朱自清的《背影》、三毛的《沙漠中的饭店》、冰心的《小橘灯》、巴金的《灯》、张嘉佳的《老情书》、武歆的《长命锁》等现当代文学作品，向白俄罗斯读者展现了中国人民的生活状态、心灵世界、精神向往和美好追求，通过文学展示了可信、可爱、可敬的中国形象。

（三）学术互鉴

2017 年 9 月，在白俄罗斯驻华大使馆的支持和帮助下，天津外国语大学成立白俄罗斯研究中心。天津外国语大学白俄罗斯研究中心主要围绕白俄罗斯教育、语言、经济、社会、中白关系等领域开展研究，致力扩大中白在教育和文化、科学领域的交流与合作，推动白俄罗斯语言、文学和文化在中国的传播。2019年5月，天津外国语大学与白俄罗斯明斯克国立语言大学两所高校合作共建中国首所雅库布·科拉斯中心。

近年来，在白俄罗斯语专业中外教师团队的共同努力下，两个中心取得了丰硕的教研成果，不仅发表多篇高水平学术论文，完成教育部国别和区域研究课题"'一带一路'沿线斯拉夫主要国家语言政策研究"、天津市哲学社会科学规划基金项目"'一带一路'视阈下的中白文学交流现状与发展前景研究"，在研白俄罗斯国家社科项目"对外白俄罗斯语教学法研究"，还多次举办学术研讨会、学术论坛，编著全国首批白俄罗斯语专业教材《白俄罗斯语入门教程》《白俄罗斯概况（文选）》《对外白俄罗斯语阅读教程》等，这些成果获得中白双方的广泛关注和一致好评。

三、天津外国语大学对白俄罗斯教育合作展望

天津外国语大学历来重视与白俄罗斯的教育交流与合作，自2017年开设白俄罗斯语专业以来，学校在人才培养、校际合作、文化交流、教研协作等领域取得突出成果，成为中白人文交流合作的窗口、桥梁和纽带。

展望未来，天津外国语大学将秉承"立德树人"教育理念，一方面，持续优化白俄罗斯语专业培养方案，完善课程体系建设，加强对"白俄罗斯语+俄语+专业"复合型人才的培养，除了培养学生掌握娴熟的语言技能外，还应注重培养学生们的跨文化交际能力、自主学习能力、信息技术应用能力、国际事务参与能力、思辨能力和创新能力，提高白俄罗斯语专业人才培养水平。另一方面，进一步加强与白俄罗斯的国际交流与合作，特别是要积极探索和推进教学科研领域的国际合作，加强中国学术界和白俄罗斯学术界之间的积极对话，通过多形式、多层次的国际学术交流与合作，扎实建设并发挥白俄罗斯研究中心、雅库布·科

拉斯中心等已有教研平台的作用，就联合开展对白俄罗斯问题研究、文学作品互译、教材编著等进行全方位合作。

此外，天津外国语大学还将强化多领域联系，实现多维协同发展。自共建"一带一路"倡议提出以来，中白之间的合作呈现出全方位快速发展的新局面，教育合作也在经贸、科技、人文、旅游等合作中协同发展。作为人文合作的重要方面，教育合作为经贸和其他领域的合作提供人才支持，是推动合作升级的基础，越来越受到官方和民间的重视。

中白工业园是白俄罗斯参与共建"一带一路"的重要项目，是目前两国合作规模最大的样板工程，中白在政治、经贸、人文等领域合作不断，科技创新、新能源汽车、农产品、木材加工等项目发展势头良好。天津外国语大学将积极推进与中白工业园的合作，将教育合作、人才交流、经济发展三者相互融合、相互促进。努力将教育成果转化为经济优势，深化各领域之间优势互补，发展符合共同利益需求的合作项目，使双方合作多元化、协同化、长效化。

面对新形势、新发展、新要求，未来，天津外国语大学将继续发挥现有特色办学优势，聚焦国家需要、服务社会发展、对接人才需求，与国内外同仁一道，为中白关系不断发展注入新的动力！

中白教育合作历史、现状与前景[*]

浙江树人学院白俄罗斯研究中心　寿家睿　杨丽萍

中白两国自 1992 年建立外交关系以来，两国的友谊不断深化，始终相互支持，两国高层交往频繁。习近平主席曾多次到访白俄罗斯，十余次同卢卡申科总统会晤，卢卡申科总统也十余次访华或赴华出席活动。

2013 年 7 月，卢卡申科总统对中国进行国事访问。两国元首宣布建立中白全面战略伙伴关系，并签署《中华人民共和国和白俄罗斯共和国关于建立全面战略伙伴关系的联合声明》。2022 年 9 月 15 日，习近平主席同卢卡申科总统在乌兹别克斯坦撒马尔罕举行会晤。双方共同发表《中华人民共和国和白俄罗斯共和国关于建立全天候全面战略伙伴关系的联合声明》，一致决定将中白关系提升为全天候全面战略伙伴关系。

在中白两国关系不断发展的过程中，包括教育领域在内，政治、经济、文化等各领域的合作不断深化。

---

*　获浙江树人学院人才引进项目资助,项目编号:2022R069。

一、概况

中白教育合作极具战略意义，是中白人文领域合作行动计划的优先方向。白俄罗斯拥有完备的教育体系，良好的教育文化传统。2021 年白俄罗斯在联合国人类发展指数中排名第 54 位，在独联体国家中排名最佳。适龄儿童入学率与发达国家持平，一直是世界上成年人识字率最高的国家之一，达 99.9%。基础教育、普通教育、职业教育在全国的普及率为 99.8%。

中白两国在教育领域的合作始于 20 世纪 90 年代，经历了 30 多年的发展，尤其是自 2013 年两国建立全面战略伙伴关系后，教育合作打开了新局面，开始提速发展，取得了令人瞩目的成绩。2014 年双方建立起包括中白人文合作委员会、中白教育合作分委会在内的双边互动机制，两国政府通过高层对话、教育部门间合作协议等形式，加强了教育政策的交流与研讨，推动了教育政策的改进与创新。2019 年，中白两国教育部门成功举办了中国"白俄罗斯教育年"和白俄罗斯"中国教育年"。截止到 2023 年，两国高校、科研院所等教育机构共签订了 560 份合作协议，设立 30 多个合作办学项目，在高等教育、职业教育、语言教学、科研创新、留学生互换、教师交流等方面合作交流成果丰硕。同时，中白留学生互换规模不断扩大，中国对白俄罗斯学生每年提供 40 个政府奖学金名额，2010—2019 年中国在白俄罗斯的留学生平均每年 1500 名，2022 年已接近 8000 名，位居在白俄罗斯的外国留学生之首。白方的孔子学院、孔子课堂、文化交流中心，中方的白俄罗斯语专业、白俄罗斯研究中心等机构运行平稳有序，积极开展各种活动。随着两国教育合作的不断深入，相信中白两国的教育合作将进一步取得更加丰硕的成果。

两国的教育合作历程，可以大致分为以下四个阶段：

（一）起步期：1992—1998 年

该阶段是两国在教育合作领域初步摸索、建立联系、签署一系列早期合作协议的时期。白俄罗斯独立初期，一边稳定国内政治、经济形势，一边寻求扩大对外联系。在这样一个初期阶段，中白两国就已将教育合作纳入推动的日程：1992 年 11 月 25 日，两国政府在北京签署了第一份具有法律效力的文化合作协议，这是两国第一份有关教育合作的法律文件。随后，1993 年 6 月 5—17 日，时任国家教委副主任柳斌访问白俄罗斯，双方签署了第一份教育合作协议，为之后的教育合作奠定了良好的基础。1993 年 10 月，时任白俄罗斯教育部部长肖诺克访华，就促进中白两国的教育合作与交流进行深入探讨；同年，白俄罗斯正式在华设立使馆，中白在教育及其他领域方面的联系逐渐加强。1996 年 12 月，时任白俄罗斯总理林格访华，中白双方签署了重要的《1997—2000 年白俄罗斯教育科学部与中国国家教育委员会合作协议》。

中白两国签署教育负责部委合作协议后，为解决两国教育合作中学历互认问题，1998 年 10 月 28 日，时任白俄罗斯教育部部长斯特拉热夫访华，时任教育部部长陈至立在北京会见白俄罗斯代表团，并签署了《中华人民共和国政府和白俄罗斯共和国政府关于相互承认学历证书的协议》，文件中规定两国相互承认中学、职业技术学校、中专以及大学的学历证书。[1] 自此，该协议推动两国教育合作进入新阶段，完成了两国教育合作的起步阶段，为进一步发展中白学术合作、促进双向留学提供了法律法规依据。从 1998 年开始，白俄罗斯国立大学、明斯克国立语言大学等白俄罗斯院校陆续开设了与中文相关的专业，这也为未来两国

---

〔1〕 "Соглашение между правительством Республики Беларуси и правительством Китайской Народной Республики о взаимном признании документов об образовании", http://edu. gov. by/page-22261.

的扩大语言教学方面的合作奠定了良好基础。

（二）发展期：1999—2012 年

随着白俄罗斯政局的逐步稳定，这一阶段中白两国的教育合作开始稳步发展，高层互访频繁，建立联系制度，在白俄罗斯推广汉语教学，推动建立校际联系。2000 年 5 月，两国教育部签署了《2001—2005 年中华人民共和国教育部和白俄罗斯共和国教育部教育合作协议》，增加政府奖学金留学名额，为学术交流和发展教育合作起到重要作用。2001 年，白俄罗斯重点高校校长代表团访华，与中国有关高校签署 7 项合作备忘录。同年 11 月，白俄罗斯共和国代表团访问中国国家行政学院和上海行政学院。

2002 年，近 1000 名中国学生在白俄罗斯高校留学[1]。2006 年，白俄罗斯教育部与中国国家汉办签署了汉语教学合作协议，白俄罗斯第一家孔子学院正式在白俄罗斯国立大学落成。2009 年 9 月，白俄罗斯教育部和中国外国专家局签署关于职业培训、进修和人才培养方面的合作协议，为两国的专家提供交流和短期培训的机会。2011 年之后，中白两国的合作在各级国家机构和组织层面展开，呈现出多层次多样化的特点。

（三）提速期：2013—2016 年

2013 年习近平主席提出共建"一带一路"倡议，白俄罗斯成为最早支持并参与的国家之一。同年，两国元首宣布建立中白全面战略伙伴关系，中白教育合作进入了提速阶段，教育合作领域范围逐渐扩大。2014 年，双方成立中白政府间合作委员会，以落实双边协议，该委员会包括

---

〔1〕 阿纳托利·托济克主编，贝文力、余源、崔传江等译：《白俄罗斯驻华大使回忆录》，北京：当代世界出版社，2021 年版，第 75—76 页。

5 个分委会，即经贸、科技、安全、教育和文化合作分委会。[1] 2015 年 4 月 17 日，中白政府间合作委员会教育合作分委会首次会议在明斯克举行，双方就中白教育合作法律基础、高校科研合作、地方教育合作、联合办学、白方高等教育机构中孔子学院工作及发展前景、中白教育合作分委会工作条例等深入交换了意见，达成了广泛共识，制定了中白教育合作路线图。

2015 年 5 月，在习近平主席和卢卡申科总统的见证下，中白双方在明斯克签署了《中华人民共和国政府和白俄罗斯共和国政府教育合作协定》，其中中方对白俄罗斯每年提供 40 个政府奖学金名额。同年 5 月，中国社会科学院和白俄罗斯科学院联合主办了首届中国—白俄罗斯学术论坛，该论坛达成一系列意向，将为推动中白两国在社科人文领域交流合作发挥重大作用。2016 年 9 月，《中华人民共和国教育部与白俄罗斯共和国关于联合培养人才的备忘录》的签署进一步推动了两国在教育方面合作的开展，这一年白俄罗斯国内学习汉语的中学生数量接近 1600 人，白俄罗斯教育部将汉语列为外语必修课以满足汉语为第一外语考生的考试需求。

（四）平稳期：2017 年至今

2017 年开始，中白两国教育合作进入平稳发展期。在 2017 年 5 月举办的"一带一路"国际合作高峰论坛开幕式上，习近平主席强调建立多层次人文合作机制和加强教育合作的重要性。到 2017 年，白俄罗斯每个州都设立了汉语学校，为推广汉语教育，白俄罗斯教育部制定了 2017—2022 年汉语教学发展战略。2017 年 6 月 26 日，中国和白俄罗斯政府间合作委员会教育合作分委会第三次会议在明斯克举行。双方围绕

---

[1] 农雪梅、李允华：《白俄罗斯》，北京：社会科学文献出版社，2021 年版，第 276 页。

中白教育合作现状与前景、留学生和青少年交流、高校合作、语言教学、合作文件的落实等议题深入交换了意见。

2018 年，在中国召开了中白政府间合作委员会教育合作分委会第四次会议，双方教育合作进一步深化，在这一年明斯克语言大学开办了中国语言文化系，白俄罗斯的多所大学创办了中国语言文化中心，中国的多所高校开设了白俄罗斯语专业。同年，白俄罗斯与中国青年科学家联合研究中心在白俄罗斯国立大学成立，教育合作方式日益增加，与科技等领域相融合。2019 年，中国启动"白俄罗斯教育年"活动。在教育合作分委会的支持下，中白在学术交流、联合教育项目方面开展了合作。汉语于 2019 年被正式纳入白俄罗斯国家考试科目。2022 年 7 月 26 日，时任教育部副部长田学军以视频方式主持召开中白政府间合作委员会教育合作分委会第六次会议，就进一步深化教育数字化、高等教育、职业教育、双向留学、语言教学、产学研用等合作进行磋商，达成了共识。

二、中白教育合作现状

中白之间的教育合作关系在不断发展壮大，涵盖了多个领域和层面。这种合作有助于加强两国之间的人文交流、促进教育质量的提高，并为双方提供更多的学习和合作机会。

（一）中白教育合作项目

两国建交 30 多年来，教育合作发展顺利，合作规模不断扩大，交流层次不断加深，合作形式也更加多样化。双方签署了一系列政府间、部门间以及高校间的教育合作协议，建立了以双边合作为主，多边合作为辅的教育合作机制。在双向留学和语言教学方面的合作持续发展，多层次多样化合作与青少年交流方面都取得了积极进展。

1. 双向留学稳定发展

自两国建交以来，互派留学生数量逐年增长。建交 30 多年间，大约有 20 000 多名中国留学生在白俄罗斯高校学习过。中国自 1992 年起接收白俄罗斯留学生，1995 年有 5 名白俄罗斯本科生在华留学，8 名中国本科生和研究生在白俄罗斯留学。随着两国教育合作的发展，特别是自 1998 年中白签署《中华人民共和国政府和白俄罗斯共和国政府关于相互承认学历证书的协议》之后，留学人员数量开始明显增长。1998 年中国在白俄罗斯留学生有 220 人，2002 年增长到 1000 人。2009—2010 学年中国高校有 150 名白俄罗斯留学生，其中大部分得到中国政府资助。自 2010 年到 2019 年，中国在白俄罗斯留学生每年平均约 1500 名，占白俄罗斯外国留学生总量的 15% 左右。

2020—2023 年以来，虽然新冠疫情的全球大流行对中白教育合作有一定的影响，但两国守望相助，教育合作规模不断扩大，开展远程教育和线上线下相结合的教学模式。由于学生对白俄罗斯留学资源的深入了解增加，赴白俄罗斯的中国留学生大幅增长。据中国驻白俄罗斯使馆教育处统计，2020—2021 学年在白俄罗斯的中国留学生总数是 4840 人（自费留学生 4774 人，公费生 66 人），2021—2022 学年留学人数达到 5314 人（自费留学生 5170 人，公费生 144 人），2022—2023 学年，中国赴白俄罗斯留学生人数增长明显，达到约 8000 人（自费留学生 7800 人左右，公费生 151 人），居各国在白俄罗斯留学生人数的首位。

起初中国留学生多选择位于首都明斯克的白俄罗斯高校就读，近几年，随着两国教育合作的深入，学生选择的专业和高校的范围都在不断扩大。2022 年，中国留学生在首都明斯克和各州的 29 所高校学习：白俄罗斯国立大学仍然是中国留学生的首选，排在第二位的是白俄罗斯国立文化艺术大学，第三位是白俄罗斯国立师范大学，第四位是白俄罗斯国立经济大学，第五位是白俄罗斯国立技术大学，白俄罗斯国立音乐学院排在第六位。从地域分布上看，各州中国留学生占比人数，仍然以明斯克州为最高，占 84.48%（2021 年为 90.06%），维捷布斯克州、格罗德诺州、布列斯特州、戈梅利州、莫吉廖夫州，分别占 5.79%、3.80%、2.33%、1.80% 和 1.80%。

中国留学生所选专业方向也逐年增多。2022 年有 84.6% 的中国留学生选择人文社科类专业，其中最受欢迎的是俄语、文学、经济学、艺术学和管理学；15.4% 的学生选择理工类专业，如工学、理学、医学和农学等。比起 2021 年人文社科类（90.54%）和理工类（9.46%）的比例，选择理工类专业的学生人数有增加的趋势。

2014 年在华学习的白俄罗斯留学生 627 人，其中奖学金获得者 150 名，自费生 477 名。2016 年在华白俄罗斯留学生 850 多名。近几年人数有所下降，2022 年为 450 名。目前，白俄罗斯在华留学生主要分布在北京大学、南京大学、东南大学、大连理工大学和东北大学等高校。中国驻白俄罗斯大使馆自 2016 年设立"中国大使奖学金"以来，每年提供 40 个政府奖学金名额，截至 2022 年，已有 228 名成绩优异的白俄罗斯学生获得这项奖学金。

2. 相互推动语言教学

语言是了解一个国家及其文化的必要前提，是两国互相理解的纽带，语言合作更是中白两国教育合作的基础。随着两国教育合作的不断加深，中白双方不断推进汉语和白俄罗斯语的教学学科建设工作。随着共建"一带一路"倡议的提出，中白两国青年对对方语言以及文化的学习兴趣明显增加。2022 年 9 月 15 日，中白两国领导人签署《中华人民共和国和白俄罗斯共和国关于建立全天候全面战略伙伴关系的联合声明》，其中第十六条提到："双方继续支持两国青年学习对方国家语言并扩大语言教学方面的合作。"

截至 2022 年，白俄罗斯已有 35 所中学和 14 所高校开展中文教学，建立了 6 所孔子学院和多个孔子课堂。汉语教学遍布白俄罗斯各州，2016 年汉语被列入白俄罗斯国家考试科目，并成为中小学的选修外语语种之一。白俄罗斯官方语言有两种，分别为俄语和白俄罗斯语，俄语专业在我国国内高校开设得很多，但白俄罗斯语专业处于起步阶段。2022 年我国已设立白俄罗斯语专业 3 个，白俄罗斯语辅修专业 4 个，白俄罗斯研究机构 14 个。两国相互引进并完善语言评价考试机制，设立语言考试中心。例如中国已多年举办汉语水平考试（HSK、HSKK、YCT），白俄罗斯也于 2020 年设置中国翻译专业资格（水平）考试（CATTI）首批海外考点。两国正在逐步实现高水平语言人才培养的标准化和规模化。

1998 年，白俄罗斯国立大学和明斯克国立语言大学分别开设了中文翻译专业培训班；2002 年，白俄罗斯国立大学创建了第一个对外汉语实验班，并于 2007 年培养出白俄罗斯第一批汉语教学人才，同年白俄罗斯国立大学和明斯克国立语言大学开始正式培养本土汉语教师。这标志着中文教育在白俄罗斯进入新的阶段。

2010 年，白俄罗斯国立师范大学、戈梅利国立大学、维捷布斯克国立大学和格罗德诺国立大学相继开展中文教学。2011 年白俄罗斯国立大学语文系开设中国语文学教研室，以汉语教学理论与实践现实问题、汉语与文学的关系为研究方向。2018 年白俄罗斯国立大学还开设了外语教师（中文）专业，专业化培养本土汉语教师人才。同年 3 月，明斯克国立语言大学在白俄罗斯高校中率先设立中文系，以满足当地不断扩大的汉语学习需求，培养白俄罗斯的中文教师、翻译人员以及相关汉语人才，为中白各领域合作输送人才。培养方向包括中文教师、高级翻译、信息通讯及公共关系等领域。这在原有的语言文化交流基础上，融合了其他学科，并且充分结合了本校特色专业和优势学科，对于深化中白语言教学有非常重要的意义。

2008 年，白俄罗斯教育部出版了白俄罗斯历史上第一部本土中小学汉语教材《汉语》。2012 年，白俄罗斯教育部发布《国家中学汉语教学方案》。2014 年，首次将汉语教学作为单独的外语编写入了教学大纲。2017 年，白俄罗斯发布《2017—2022 年白俄罗斯发展汉语教学系统的策略总纲》，2020 年发布《汉语教学大纲》，其中阐述了白俄罗斯汉语教学的目的和任务。2021 年 3 月 2 日，由白俄罗斯国立大学孔子学院和白俄罗斯国家科学院语言知识学院共同编纂的《汉白白汉词典》出版，这是白俄罗斯和中国语言文化交流史上的首部词典学著作，共 872 页，每部分各包含 9000 多个词语，涉及白俄罗斯语和汉语中的常用词汇。

为了提高双方学生对语言的学习兴趣，双方教育部门、高等院校、文化协会等每年举办语言比赛等相关活动。"汉语桥"世界大学生、中学生中文比赛白俄罗斯赛区大赛，中白"丝绸之路"国际青少年艺术大赛，白俄罗斯大学汉语奥林匹克竞赛，以及国内以白俄罗斯研究中心为基础举办的高校白俄罗斯语口语大赛，都对推动中白语言教育具有实质性意义。

3. 校际多样化合作

随着高等教育国际化办学战略的提出，高校都逐渐以国际化办学战略要求为起点，积极对接国家"教育对外开放"的工作需求以及教育部对高校建设的要求。开展两国高校在人才培养、学术研究、文化交流、建立研究机构及实验室等方面的合作。

2014 年 9 月，中白政府间合作委员会机制正式启动，其中教育合作分委会作为中白教育合作的官方机构，推动双方教育合作深入发展。2016 年 5 月，中白大学校长论坛在广州举行。2017 年 9 月 12 日，中国教育国际交流协会与白俄罗斯教育部国际交流中心签署合作协议。2019 年 1 月 10 日，中国"白俄罗斯教育年"在大连理工大学开幕。大连理工大学白俄罗斯研究中心在此次开幕式上揭牌。白俄罗斯国立大学、明斯克国立语言大学、巴拉诺维奇国立语言大学与大连理工大学、西安外国语大学、北京第二外国语学院、黑龙江大学、兰州财经大学、浙江树人学院共同签署了校际合作协议。中国外文局考试办与中白政府间合作委员会签署了合作备忘录。

截至 2022 年，中白两国高校一共签署了 500 多项高校间交流合作协议，内容包括学生互换，教师交流，联合培养，合作办学，开展科研项目，举办会议和论坛，成立研究机构和实验室等。

浙江树人学院与浙江省科技厅、白俄罗斯国立大学共建中国-白俄罗斯环境友好产品研制和技术转化联合实验室，并和白俄罗斯多所高校开展了中白政府间科技合作项目、国家自然科学基金国际合作与交流项目、国家重点研发计划、浙江省"中白遥感图像处理与应用国际科技合作基地"建设、科技部外国专家项目等。

2017 年 3 月，中白两国成立了第一所国际合作办学机构——大连理工大学白俄罗斯国立大学联合学院。2019 年双方在白俄罗斯对等设立了白俄罗斯国立大学大连理工大学联合学院。2021 年大连理工大学白俄罗斯国立大学联合学院首届本科留学生毕业，并且双方学院获批联合培养硕士和博士研究生，开启了两国本硕博一体化人才培养的新阶段。

2022 年 1 月 4 日，北京大学与白俄罗斯国立大学召开线上会议，希望以生物学作为试点学科，探索国际化、开放创新的人才培养模式，从生物学领域开始，开展学生培养、教学科研、教师互访等多种形式的合作。同年 3 月 31 日，广州大学与白俄罗斯国立文化艺术大学签订合作协议，并同时邀请白俄罗斯国立文化艺术大学加入广州国际友城大学联盟，以期在联盟框架下开展多边高等教育合作、谋求互利双赢，共同推进城市的可持续发展。5 月 31 日，南京医科大学与白俄罗斯国立医科大学签署全面合作协议，双方承诺继续深化互信，拓宽合作领域、丰富合作内涵，在各领域开展全方位、深层次的合作，为构建人类卫生健康共同体贡献两校的力量。

除高校外，双方职业教育合作也使政府部门和事业单位的教育和培训机构加入中白两国的教育合作行列。2017 年 12 月，上海工商外国语职业学院戈梅利学院正式成立，建立了"2.5+2+2"本硕连读联合培养模式以及学生短期留学交流机制。

截至 2022 年，中白联合办学机构及办学项目本科层次的有 10 所，研究生层次 1 所。专业涉及机械制造及自动化、物理学、播音与主持、体育教育、通信工程等十几个专业，主要以本科阶段为主，两国优势专业以及高层次合作项目尚待挖掘。

4. 加强双方青少年交流

青少年是两国友好的未来，两国政府高度重视加强中白青少年之间的交流。两国建交以来，为了增进中白青少年之间的了解，传承友谊与文化，双方搭建了多个稳定、有效的交流平台：互办夏令营活动，开展短期研修班或培训，开展"未来种子"国际教育项目，成立青年科学家联合研究中心，举办各种联合主题论坛，互访及参观，举办两国青年友好故事会，开展青少年美术展、文体展演、留学生短视频展映、机器人比赛活动，等等。

2014 年 8 月 9—17 日，宋庆龄基金会邀请白俄罗斯切尔诺贝利核事故灾区的青少年代表团 208 人来华，在北京、青岛等地参观访问。次年 8 月 10—19 日，白俄罗斯政府邀请中国青少年代表团一行 54 人参加在白俄罗斯举办的夏令营活动。2016 年 7 月 20—30 日，中方邀请白俄罗斯教育部国际合作司司长弗拉基米尔·沙普洛夫率领百名大学生代表团来华参加夏令营，了解中国文化。来自白俄罗斯国立大学、白俄罗斯国立经济大学、白俄罗斯国立技术大学、白俄罗斯国立师范大学等 26 所高校的 100 名大学生访问北京、开封、登封、郑州、南京等 5 座城市，参观访问了清华大学、河南大学、东南大学等中国高校，并与中国青少年进行交流。在体验中国文化和游览名胜古迹的同时，对中国的教育制度也有了更好的了解。

2017 年，来自大连理工大学、东北大学、天津外国语大学、华东师范大学和北京第二外国语学院等 5 所大学的 30 名中国学生赴白俄罗斯参加夏令营活动，访问高校，参加相关俄语教学活动，参观当地的博物馆和文化中心等。

除了夏令营，双方还多次举办短期研修班或培训。华为公司非常重视培养优秀的白俄罗斯青年专家，2016 年 9 月，在白俄罗斯启动"未来种子"项目，白俄罗斯国立大学、白俄罗斯国立信息和无线电电子大学的学生在华为公司位于上海和深圳的中心进行为期两周的学习进修。2018 年 4 月，白俄罗斯华为技术科技有限公司与白俄罗斯教育部、白俄罗斯通信信息化部签署了教育合作协议。同年，在实施"未来种子"国际教育项目上，华为给 1000 名白俄罗斯大学生提供了在公司基地培训的机会，首批考试结业后的 10 名优秀学生可获得在深圳公司总部华为大学培训的机会。

2018 年 8 月和 2019 年 7 月，浙江树人学院组织学生赴白俄罗斯参加为期 16 天的研习交流活动，领略白俄罗斯的学校教育、自然风光以及人文情怀。波洛茨克国立大学每年定期举办中国留学生暑期短期培训班，福建师范大学（波洛茨克国立大学的合作院校）协和学院的师生暑期赴白俄罗斯参加为期两周的培训，参加各类讲座、研讨会、社会经济发展和白俄罗斯历史文化发展方面的培训。

2014 年创办的中白青年"新地平线"创新论坛，至 2022 年已连续举办 9 届，吸引了非常多中白两国大学生和青年学者，为促进两国青年交流学术成果、加深相互了解、推动科研成果转化发挥了重要作用。自 2015 年起，浙江树人学院与白俄罗斯国立大学联合举办的"中白青年论坛"截至 2022 年也已举办四届（每两年举办一次），为两国青年学者搭建了良好的交流互动平台，推动了中白青年在思想和学术上的深入交流和合作。2018 年，白俄罗斯与中国青年科学家联合研究中心在白俄罗斯国立大学成立，将进一步推动两国教育和科技、经贸、文化合作的交融深化与发展。"中白'丝绸之路'国际青少年艺术大赛"、中白青少年人文交流活动、中白教育论坛、"一带一路"青少年国际绘画展、青年友好故事会、中白青少年机器人比赛等活动，都为推动两国青少年交流合作起了重要作用。

（二）中白教育合作存在的问题

1. 专业选择偏文科，文理科分布不均衡

从中国在白俄罗斯留学生的专业选择来看，80%以上的留学生选择就读人文社科或艺术类专业，而选择理工类的学生所占比重偏低，专业选择较为单一。白俄罗斯的优势专业，如物理、半导体物理和电子、机械数学、应用数学和信息、生物学等具有较高教学质量和科研水平的理工专业选择的人数总体偏少。选择白俄罗斯国立大学、白俄罗斯国立信息和无线电电子大学等高校理工类专业的留学生多以公费生为主。由于这些专业的入学考试门槛高，对专业知识以及语言都有特定的要求，不仅学业难，而且毕业难，大多数学生，特别是俄语零基础的学生，都会在专业选择上谨慎考虑。

2. 部分留学生语言基础薄弱，存在一定语言障碍

两国之间的高等教育交流与合作是以双方语言文化交流为基础的。目前在中国就读的白俄罗斯留学生不多，以政府奖学金获得者为主。而中国的外语基础教育阶段长期以来以英语为主，俄语教学并不广泛。2022 年高考资料显示，全国参加高考人数 1193 万人，参加俄语高考的不足 4 万人。语言能力成为中国留学生面临的最大难题。语言障碍不仅影响学业效果和学习质量，而且在办理签证、住宿入学、人际交往等方面也会遇到诸多问题。

3. 教育体制存在差异，相互了解有待加强

两国教育体制存在一定的差异，双方教育机构对对方国家的教育政策、教育理念、教育方法、法制法规等方面了解不够全面，影响了双方教育合作的质量和效果。中白双方合作办学、联合培养的教育模式还处于初级阶段，除了大连理工大学与白俄罗斯国立大学成立的联合学院已实现本硕博一体化培养的深度合作，其他合作办学的层次主要集中在本科阶段。双方合作院校及联合培养过程中存在校际层次不对等、培养领域不匹配或者过于单一以及培养质量达不到既定要求等问题。

4. 协议项目可持续性有待提高

在两国教育合作中，如何保持可持续性发展是一个需要关注的问题。在实际合作过程中，会面临资金、人力和管理等方面的各种挑战，这在很大程度上会影响到合作项目的可持续性。目前，双方已制定了40多个合作办学项目计划，中白高等教育和科研机构签署了560多项合作协议，但从运行的实际效果来看，一些交流活动缺乏连续性和影响力，在具体开展的合作方面离预期目标还有较大差距，双方签订的部分协议具有随意性，落实并不到位，有的甚至已被束之高阁。这样不利于双方联合培养高质量人才、提高学术水平、加强科技创新研究、共同解决大学发展中的难题。

5. 管理和协调机制有待完善

管理和协调是保障中白两国教育合作顺利推进的重要抓手。有时由于合作项目涉及多个机构和参与者，需要进行有效的管理和协调工作，以确保合作项目的顺利进行。然而，在实际操作中，双方常常会出现信息不对称、意见分歧和决策不明确等问题，这些问题都会导致合作项目的延误或效果不佳。

三、中白教育合作的前景

通过加强交流与合作，中白全天候全面战略伙伴关系不断发展，各领域务实合作日益深入，双方共同提高教育质量，培养优秀人才，将为两国的发展带来更多机遇。

（一）中白教育合作的有利条件

中白两国在教育领域的合作有着良好的发展前景，主要的有利条件有以下几点：

第一，中白两国政治关系持续稳定发展。中白教育合作的深入开展得益于两国关系的持续稳定与不断提升。2016 年 9 月，中白两国建立相互信任、合作共赢的全面战略伙伴关系，为中白两国关系的发展开启了新阶段。经过六年的合作往来，两国关系进一步深化。2022 年 9 月，中国国家主席习近平与白俄罗斯总统卢卡申科签署《中华人民共和国和白俄罗斯共和国关于建立全天候全面战略伙伴关系的联合声明》，决定将中白关系提升为全天候全面战略伙伴关系。声明中提到，双方将扩大教育、文化、旅游、影视、体育、媒体等领域合作。

此外，共建"一带一路"倡议的提出让包括白俄罗斯在内的共建国家与中国的关系更加密切。自 2013 年国家主席习近平提出共建"一带一路"国际合作倡议后，白俄罗斯立即响应，并积极对接两国发展战略。在"一带一路"框架下，双方在教育领域的交往成为人文合作的重要部分。

第二，较为完善的合作基础。在留学合作机制方面，中白两国互认学历以及其他教育合作机制不断推进，留学制度规范越来越完善，存在的困难也在逐渐减少。在留学项目方面，中白政府层面的国家奖学金互派项目、高校的校际合作项目及青少年组织的游学活动都为中白教育交流提供了平台，两国学子有了更多的留学机会。

第三，语言教育为教育交流创造前提。俄语也是白俄罗斯官方语言之一，中国国内俄语人才数量较多，俄语学习者可以赴白俄罗斯留学。此外，白俄罗斯语在中国外语学界也日益受到重视。目前在北京外国语大学、天津外国语大学、西安外国语大学已开设白俄罗斯语专业，填补了国内白俄罗斯语专业的空白，在配套教材方面逐步完善，经常举行白俄罗斯语专业学生的全国性口语、翻译等各类比赛，形成了良好的学习氛围。相应地，在白俄罗斯，多所孔子学院、孔子课堂的建设以及多所高校内的中国语言文化中心的创办培养了大量懂汉语的白俄罗斯学生。

第四，白俄罗斯研究中心与中国语言文化中心的成立助力教育合作。目前，在国内多所高校成立了白俄罗斯研究中心，随着中白各类学术会议及活动的开展，各白俄罗斯研究中心的研究成果深化了国内对白俄罗斯政治、经济、文化、教育等领域的了解。在高校开展的白俄罗斯文化活动也开阔了学生的国际视野。2015 年，东南大学-明斯克国立语言大学孔子学院中国语言文化中心在明斯克揭牌成立。中白双方设立的中心都为两国的文化交流起到促进作用。

第五，新的时代背景下中白教育合作有了新的时代意义。2021 年，十三届全国人大四次会议通过了关于国民经济和社会发展第十四个五年规划和 2035 年远景目标纲要的决议。"十四五"规划中提到了人才创新、强化国家战略科技力量等要求，以及推动共建"一带一路"高质量发展，推动高水平对外开放的任务，为未来的国家教育合作指明了发展目标。2022 年 10 月，中共二十大勾画了未来发展的蓝图，提出了"必须坚持科技是第一生产力、人才是第一资源、创新是第一动力"[1]。国际教育合作是沟通教育资源、促进教育合作的重要手段，中白两国的教育合作也将会发挥自身的特殊作用，助力国家的未来发展。

---

〔1〕 习近平:《高举中国特色社会主义伟大旗帜 为全面建设社会主义现代化国家而团结奋斗——在中国共产党第二十次全国代表大会上的报告》,新华社北京 2022 年 10 月 25 日电。

（二）对加强中白教育合作的几点思考

在当前全球化和信息化时代的背景下，教育合作已不再局限于传统的学术交流和科研合作，还需要更加注重知识的共享和创新，积极探索新的合作模式和领域，提高教育的质量和效果。

1. 丰富留学专业，兼顾文理学科平衡

人文专业目前是中白两国留学生的主要选择。由于对白俄罗斯理工科专业设置、学习难度及毕业要求不够了解，选择去白俄罗斯学习理工科专业的学生很少。因此，有必要加强两国科技教育方面的合作，共同培养高科技人才。中白两国高校需做好理工科交流合作计划，找到专业上的共通点，破除学生的学习顾虑。

2. 深化科研合作，拓展研究范围

中白两国高校在科研合作项目方面以自然科学和工科学科的合作为主，而人文社会科学及商业领域的联合科研项目较为缺乏。因此，未来应考虑开展符合两国发展战略需求的合作项目，比如服务于两国文化交流的合作互译项目，与国际形势相关的政策研究项目，等等。

3. 克服语言难关，增进文化互相理解

白俄罗斯语和俄语属于较难学习的语言，目前在国内各高校的公共外语课中开设较少。因此，中国学生赴白俄罗斯留学需要克服的一大难关就是语言关。两国学校可以将英语为中介语言，开设相关课程，循序渐进地推进课堂教学，逐步过渡到以对方语言完成教学。另外，两国学校增设俄语或汉语公选课，计划留学的中白两国学生可以提早学习语言，打好语言基础。还可以开设文化类讲座，了解对方国家的文化，以便更好地融入国外留学的生活。

4. 利用线上资源，创新教育合作平台

新冠疫情期间，中白两国学生在互访、留学方面存在一定困难，部分滞留在国内的中国留学生被转入线上教学。线上会议的举办、线上课程的开展，在一定程度上提高了工作和学习效率。因此，可以考虑组建中白教师团队，探索与各门课程契合的线上教学的方式方法，可以建立教育合作平台，分享优质线上课程。

5. 深化合作层次，完善合作办学模式

在合作办学方面，需细化办学机构和办学项目方的责任分配，健全监督评估机制和办法，提高办学质量。以"产、学、研、用"结合构建以服务国家战略为基础的中白教育合作整体规划，以政府为引导，根据企业需求，培养高校复合型、高层次、国际化专业人才，优化不同层次类别高校的合作，适应不同层次人才的发展需要，利用优势互补，促进高校间合作的可持续发展。在彼此优势学科的基础上，除了互换学生、互派教师、举办国际学术会议等形式，还可以考虑合理利用、资源共享、寻找优势合作项目、提高学术水平，并详细研究双方教育体系的特点，正确评价其差异和特性，提高合作项目实施效率，增强两国在高等教育领域相互交流的吸引力。

中白理工科国际化人才培养探索

大连理工大学　张冰洁　郭淑红

2010 年国务院颁布的《国家中长期教育改革和发展规划纲要
（2010—2020 年）》明确指出"要提高我国教育国际化水平，适应国家
经济社会对外开放的要求，培养大批具有国际视野、通晓国际规则、能
够参与国际事务和国际竞争的国际化人才"。理工科领域的国际化人才
培养已成为中国高校的重要任务之一。随着全球化的不断发展，培养具
备跨文化背景和国际竞争力的理工科人才对于应对科技挑战和参与国际
合作变得至关重要。本文将以大连理工大学与白俄罗斯国立大学合作办
学为例，探讨中白理工科高层次、复合型、国际化专业人才培养的实践
和经验。

一、中白教育合作概况

白俄罗斯是最早响应并积极参与共建"一带一路"倡议的国家之
一。作为"一带一路"上的重要交通运输枢纽，白俄罗斯在共建"一带
一路"合作中具有得天独厚的优势。2022 年 9 月 15 日，习近平主席同

卢卡申科总统在乌兹别克斯坦撒马尔罕举行历史性会晤，共同宣布将中白关系提升至全天候全面战略伙伴关系，实现了两国关系的历史性跨越，为双方各领域合作注入了强劲动力。在中白两国关系不断发展的过程中，两国在教育领域的合作也得到了进一步加强。

中白两国政府通过签订教育合作框架协议，为高校之间的交流与合作提供政策支持和保障。双方高校间签订了许多合作协议，开展学术研究、教师互访和学生交流活动。中国向白俄罗斯学生每年提供 40 个政府奖学金名额，鼓励他们来华学习。同样，白俄罗斯也为中国学生提供了留学机会，特别是在技术和工程领域，中白留学生互换规模不断扩大。白俄罗斯对汉语的需求也逐渐增加，其教育部专门制定了 2017—2020 年的教学发展战略，希望进一步推动全国的汉语教学。中白双方在科研项目、技术创新和知识产权等方面开展了深入合作。中国与白俄罗斯在共建"一带一路"倡议下的教育交流与合作呈现出多样化和深化的趋势，为双方的全面合作与交流提供了有力支撑。

二、大连理工大学与白俄罗斯国立大学合作办学的背景

中外合作办学是中国高等教育对外开放的重要内容，是中国高等教育国际化的重要成果。近年来，中外合作办学发展迅速，为高校提高教育教学水平以及科研能力起到了积极的推动作用，为中国高等教育走向国际化提供了可靠的途经。

大连理工大学审时度势，抓住机遇，利用学校自身的学科优势，结合国家教育规划纲要与学校自身的"十三五"发展规划和中长期发展目标，将对白教育合作纳入学校的国际化发展战略，服务国家外交大局，服务国家经济建设，在实现中白教育合作可持续发展的同时，提升学校的综合实力和国际影响力。

大连理工大学与白俄罗斯国立大学以共建"一带一路"国际合作倡

议为契机，顺应国家突出强调培养面向重大战略需求领域"高精尖缺"人才的形势，融合中白两校在物理、数学和力学等学科的办学优势，分别于 2017 年、2019 年正式成立大连理工大学白俄罗斯国立大学联合学院（简称中白学院）和白俄罗斯国立大学大连理工大学联合学院（简称白中学院），逐步构建起了以应用物理学、工程力学、数学与应用数学、光学工程等理工专业为核心的中白理工科国际化人才培养体系。

中白学院是大连理工大学配合教育部《推进共建"一带一路"教育行动》、全面优化学科结构、提升国际化水平、建设"双一流"高校的重大举措，是在中白两国教育部共同批准下在本科层次设立的第一个国际合作办学机构。2017 年 3 月通过教育部审批，同年 9 月招收第一届本科生，招生专业为应用物理学和工程力学，每专业招收 40 人；2021 年通过教育部第一轮办学评估后，获批增设研究生层次联合培养，硕士研究生专业有凝聚态物理、工程力学和光学工程，博士研究生专业有物理学、力学、光学工程和应用数学，2022 年完成了首批研究生招生工作。

白中学院是两校在共建"一带一路"倡议背景下于白俄罗斯共和国境内联合建立的首个国际学院，是两校开展对等办学、全面优化学科结构、提升国际化水平的重大举措。白中学院于 2019 年正式成立，并于同年开始招生。白中学院开设应用物理学、工程力学、国际经济与贸易三个本科专业。白中学院学生按照白俄罗斯国立大学标准招生录取，学生入学后可同时注册两校的双重学籍，完成四年学习且成绩合格，可获得白俄罗斯国立大学的学位证书和大连理工大学的毕业证书、学位证书。培养模式对标中白学院，两校联合制定培养方案和课程体系。专业课程以英语为主教学，汉语为必修第二外语。白中学院融合了双方在相关学科的办学优势，以两国重大发展战略与合作需求为导向，积极开展与中白学院的对等办学，旨在培养高水平、国际化、复合型人才，促进中白教科文合作的一体化发展。

三、中白理工科国际化人才培养模式

中白两校在合作办学的实践过程中，结合两校学科优势，形成了"以立德树人为中心，重基础知识、重创新能力、育国际素养"的中白理工科国际化人才培养模式。致力于培养具有国际化视野、具备优秀外语沟通能力、掌握扎实理论知识、拥有丰富实践经验、服务于"一带一路"共建国家的科技研发和创新合作的高层次、复合型、国际化专业人才。

中白学院本科采用的是"4+0"的办学模式，即大学四年都是在大连理工大学学习，大学一、二年级为通识教育，大三进入专业基础学习，大四主要是专业研究和实验能力培养。

研究生采用的是"3+0"和"4+0"的办学模式，在专业课程建设上，注重结合两校学科特色与国际发展前沿趋势设计课程，保证专业基础课程、科研实践课程、学科前沿课程、学科交叉性课程的合理设置，突出"强基础、重实践、国际化"的精英培养理念。在专业课程建设的基础上，注重白俄罗斯国情和文化教育，培养熟悉双方国情，具有良好沟通能力的战略性专业人才。

中白学院实行双学籍管理。学生入学后，同时拥有大连理工大学和白俄罗斯国立大学的学籍，并在两国教育部注册；专业核心课程全部采用全英文教学，其中，三分之一以上专业核心课程由国外教师讲授；两校选拔英语水平良好、教学经验丰富、具有海外工作经历的教师担任主讲教师；中白学院实行"双导师"负责制，中白双方导师参与实践过程、项目研究、课程与论文等多环节的联合指导。学生在培养过程中不仅有第一导师一对一的教导，还能得到导师团队其他成员的共同指导，充分发挥中白双方导师及其团队导师的多学科交叉优势。

中白学院学生在享受大连理工大学各项奖学金的基础上，可同时申

请中白学院各类奖学金；学生完成全部学业且成绩合格，可获得大连理工大学本科毕业证书、学士学位证书以及白俄罗斯国立大学的学位证书；在免试推荐研究生方面，中白学院的学生在享受大连理工大学推免政策的同时，可全部获得白俄罗斯国立大学的免试录取资格；建设多元化国际实践教学体系，打造多方协同育人新范式，实现本—硕—博贯通式培养。

（一）基于国家战略需求，设计联合培养方案

中外合作办学的根本目的是引进优质教育资源，借鉴国外的优质模式，实现自我完善和发展，培养服务于中国建设的高精尖人才。中白两校在中外办学的一般目的之外，还秉持服务国家共建"一带一路"倡议的宗旨。因此，课程体系的构建在强调教育主体的基础上，引进、消化和吸收白俄罗斯国立大学优秀专业课程，关注中国学生的个体主体，推进课程的本土化建设，并不断加以创新；在专业课程建设的基础上，注重白俄罗斯国情和文化教育，切实培养熟悉双方国情，具有良好沟通能力的战略性专业人才。

中白学院合作办学课程体系的基本方案是由中白双方针对国家战略性国际化人才需求而设计的。该方案保留中方具有优势的基础课和专业基础课，引进外方具有优势的专业课程，引进了白俄罗斯和东欧国情学等课程，课程体系服务性、针对性明显。

（二）强化课程体系结构，建立多元化培养体系

在优化设计培养方案基础上，中白学院集中白两校多个相关学院的优秀资深教师，共同探讨制定了专业课程教学大纲，明确教学内容。为提高教学质量，促进中外优势融合，建立了中外双主讲教学模式。中外双主讲教师针对同一门课程共同组成教学团队，使用相同的教学大纲和

主讲教材，共同准备统一的教案或电子课件，完成学生答疑、考试题目设置、试卷批阅和课程总结等全部教学环节。通过优化核心课程设置、改革教学内容和方式、改革考核方式、加强师资队伍建设、完善质量评估体系等方面对专业核心课程进行建设，为培养具有较强科研创新力、国际竞争力的拔尖人才打下坚实基础。

（三）构筑教育人才战略，打造高层次"双导师"队伍

培养方案和专业课程教学大纲的实施核心是优秀的师资队伍。中白学院从制度层面制定了《中白学院外籍教师面试流程及规范要求》和《大连理工大学白俄罗斯国立大学联合学院主讲教师教学工作管理办法》，选配的师资要求具有优秀的英文沟通能力、国际视野、国际思维和跨文化教学能力。实现研究生"双导师"指导制度，双方导师参与实践过程、项目研究、课程与论文等多环节的联合指导。以顶尖过硬的师资队伍谋求教育高质量发展，推进引进—吸收—融合的国际优质教育，促进大连理工大学"双一流"建设。

（四）教学科研协同发展，驱动技术创新与成果转化

在中白两校的合作中，双方一直非常注重加强教学与科研合作的协同发展，推行"以教带研、以研促教"的双促进模式。自 2017 年来，白俄罗斯国立大学已先后选派优秀教师和专家学者 160 余人次来大连理工大学授课和学术交流，并与大连理工大学教师共同开展科研合作项目研究。白俄罗斯国立大学全面开放其本国教育科研资源，鼓励科研人员的交流访问和项目合作。

2018 年 9 月，中国科技部与白俄罗斯科学技术委员会签署了共同建立"大连理工大学–白俄罗斯国立大学科研与创新研究中心"的备忘录，为科创中心的成立提供了良好的政策环境与有力支撑。两校高度重视，

共同致力于建立以工程力学、应用物理学、航空宇航科学与技术等学科方向为主的科技合作平台，以建设学科创新引智基地为目标，在共建"一带一路"背景下开展相关领域的科研项目合作；同时，更加高效地完成国际先进教育和科技资源的引进、消化、吸收和再创新，让中白双方各领域合作形成良好的彼此促进效应，形成长效合作创新机制。

（五）搭建国际交流平台，培养学生全球化视野

在全球化背景下国际化人才培养已经被很多理工科大学列入人才培养方案中[1]，中白两校注重培养全球学术视野，积极为学生搭建国际交流平台。自 2019 年开始，学院每年寒暑假会组织学生出国访学，先后赴美国加州大学伯克利分校、白俄罗斯国立大学、英国卡迪夫大学、新加坡国立大学开展为期 20 天的交流访学，开阔学生的国际化视野，提升学生的综合素质和能力。

与此同时，学院全面实施中外学生"同窗友情"育成计划，提升学院的国际化氛围。中白学院每年夏季小学期在大连理工大学举办中白国际夏令营，白中学院每年寒假在白俄罗斯国立大学举办中白国际冬令营。在为期近一个月的访学项目中，中白学生同班上课，共同完成专业学习；同组科研，共同参与创新实验项目；同享生活，共同体验中白两国的优秀文化。中外学子间深厚的"同窗友情"也让学生在未来世界舞台上拥有国际化的朋友圈。

中白两校积极开展国际合作项目，包括双学位项目、交换生项目、联合研究项目等。这些项目为学生提供了与国际同龄人合作学习的机会，开拓了他们的国际化视野；鼓励学生参与国际会议、国际交流项目，培养他们的国际竞争力。

---

[1] 徐嫚、黄吟：《国际化视野下理工科大学外语文化建设的现状与思考——以长春理工大学外语文化建设为例》，载《东北师大学报（哲学社会科学版）》，2015 年第 6 期，第 210—213 页。

四、中白理工科国际化人才培养取得的成果

大连理工大学和白俄罗斯国立大学坚持"引进来"与"走出去"相结合，截至 2023 年 11 月，经过 6 年多的实践，形成了符合两国人才培养要求的"合作办学、境外办学和来华留学"一体化新模式。

合作双方深化彼此互信合作，合理组织国际短期访学活动，包括白俄罗斯、美国、德国、英国、新加坡等国高校。2018 年 7 月和 2019 年 7 月，白俄罗斯国立大学分别派出 17 名和 20 名白俄罗斯学生赴中白学院进行为期 3 周的交流访问。2023 年 7 月，双方联合举办中白国际夏令营，白方的 47 名学生和中方的 40 名学生分别到对方的校园开展为期 2 周的研学访问，两校学生"同班学习、协同创新、互动交流"，建立了深厚的"同窗友情"。7 名白方学生在中白学院完成 2—3 年的学位进修后，获得了大连理工大学颁发的毕业证与学位证。自 2020 年起，已有 22 名中白学院毕业生通过国家留学基金委"促进与俄乌白国际合作培养项目"到白俄罗斯国立大学进行硕士研究生深造。

通过交流互访、学术研讨、国际会议等多种形式，加深中白双方理解，夯实合作基础。打造国内外实习实训基地，联合开展与中白工业园、白俄罗斯华为技术科技有限公司的深度合作，将中白实践教学环节并轨运行，从而打造多方协同育人新范式。中白学院与白中学院将培养高层次、复合型、国际化专业人才作为教育目标，并不断在开拓创新的过程中积累实践经验，在中白两国及世界教育合作领域产生了积极的影响并引起广泛关注。

白俄罗斯前副总理、前教育部长和先后两任驻华大使多次访问大连理工大学，参加中白学院的开学和毕业典礼。2018 年 5 月，时任国家副主席王岐山访问白俄罗斯国立大学，对中白两国间的文化交流和国际合作办学给予了充分的肯定。新华社、中国新闻网、中国青年报、光明日

报、澎湃网等国内多家主流媒体对中白国际合作办学和人才培养工作进行了近 20 次的新闻报道。

2019 年中国"白俄罗斯教育年"开幕式在大连理工大学举办。会议期间，时任教育部副部长田学军表示："中白教育合作起步早、基础牢、成效大，是两国全面战略伙伴关系和共建'一带一路'合作的重要组成部分。"[1] 时任白俄罗斯教育部第一副部长斯塔罗沃伊托娃女士高度肯定中白学院的办学成果，并表示："联合培养方向主要在一些重点战略领域，如核物理学、数学和信息技术、机械学、自动化控制等，在顺利完成学业以后，学院的学生可以获得中白两所大学颁发的毕业证书。"[2]

五、结语

中白理工科大学在国际化人才培养方面已经取得了显著的成绩，但仍面临一系列挑战。通过加强国际合作、提高师资力量、拓展学生交流机会和提供支持，可以进一步推动国际化人才培养进程，为中国高校的国际化教育合作提供有益的经验和启示。

---

〔1〕《深化中白教育合作！"白俄罗斯教育年"开幕式在大工举行》，https：//www. thepaper. cn/newsDetail_forward_2849926。

〔2〕《中国与白俄罗斯积极开展高校间教育合作 有望互认学位证书》，https：//baijiahao. baidu. com/s？id＝1631115773143305907&wfr＝spider&for＝pc。

中白教育合作的新发展及趋势

天津外国语大学白俄罗斯语专业负责人、博士　邹　波

　　中白教育合作在两国关系发展中发挥着显著的促进作用。白俄罗斯是共建"一带一路"的重要支点国家之一，也是最早与中国签订共建"一带一路"合作协议的国家之一。在中白两国关系发展的进程中，人文交流合作一直是促进两国人民相知相亲的重要纽带。中白两国建交以来，教育合作一直有序开展，尤其在 2013 年中白两国建立全面战略伙伴关系、中国提出共建"一带一路"倡议以及中白工业园项目启动以后，教育合作更是迎来了前所未有的发展机遇，合作局面焕然一新，发展前景明朗可期。2019 年 4 月第二届"一带一路"国际合作高峰论坛在北京召开，中国教育部与白俄罗斯教育部共同确立 2019 年为"中国–白俄罗斯教育年"，在此框架下双方围绕共建"一带一路"，切实推动教育领域务实合作，进一步增进两国人民的相互了解和友谊。两国在"中国–白俄罗斯教育年"框架下举办的百余场活动在两国社会各界产生积极影响，将中白教育合作交流推向新的高潮。在共建"一带一路"倡议提出十周年之际，探讨中白教育合作的新发展及趋势具有重要意义。

一、中白教育合作的意义

(一) 有利于中白人才培养

中白高校及相关教育机构开展合作的背景下，通过引入相关行业专家学者，提升和增强大学生语言交际意识和能力，丰富并创新人才培养体系，使双方学生都能得到充分的培养。对中国教育机构而言，借鉴白俄罗斯专家在白俄罗斯语教学及其他强项专业教学过程中的教学模式，采纳先进的教学方法，可以使我国高校学生在白俄罗斯专家学者的教育和引导下，被调动和激发学习积极性和主动性，提升专业能力、探究意识，进而成为促进中白两国文化交流、经贸合作的优秀人才。对白俄罗斯而言，发展中文教育，可以培养更多优秀的翻译人才，有助于加强同中国的经贸合作。2023 年，中国驻白俄罗斯大使谢小用在中华人民共和国成立 74 周年之际，接受白俄罗斯国家通讯社专访时提到，自共建"一带一路"倡议提出以来，中国向白俄罗斯提供了大量援助，还为白俄罗斯培养了大量各类专业人才 3000 余人。[1]

(二) 有效促进教育机制创新

在中白教育合作的背景下，国内高校，尤其是国内开设白俄罗斯语专业的高校在教学模式、教学方法、师资培训、课程设置及办学理念上可以借鉴白俄罗斯的经验，提升自身的管理能力和办学水平，优化和创新传统管理方法和教育理念。白俄罗斯语属于印欧语系斯拉夫语族东斯拉夫语支，虽然和俄语是近亲，但在语法上跟俄语并不是特别接近，因此在白俄罗斯语教育教学方面，应该充分借鉴白俄罗斯高校教学经验，加强与白俄罗斯对外语言教学研究团队的交流合作，促进我国白俄罗斯

---

〔1〕《谢小用大使就中华人民共和国成立 74 周年接受白俄罗斯国家通讯社专访》，https://by. china-embassy. gov. cn/ambas/fangtan/202310/t20231001_11154280. htm。

语专业教育教学的创新改革。

（三）能够促进民心相通

国之交在于民相亲，民相亲在于心相通。人文交流是增进国家间相互理解和信任的重要纽带，是推动人类文明进步和世界和平发展的重要动力。中白教育合作交流广泛深入，成果丰硕，双方在教育领域打造的特色活动成为共同推进民心相通的重要载体。在中白教育合作过程中，运用互联网、数字化等技术，加深双方彼此接触、认知、信任，促进人文交流，传递有力的"中国声音"，讲好生动的"中国故事"，能够助力实现民心相通。

（四）能够有效推动经济发展

白俄罗斯参与共建"一带一路"倡议十年来，对华出口规模迅速扩大、商品种类显著增加、贸易方式不断创新，出口额由 2013 年的 5.8 亿美元增加到 2022 年的 18 亿美元，这为白俄罗斯经济发展注入了新动力。与此同时，中国对白俄罗斯投资大幅增加。据白方统计，仅 2022 年中国对白俄罗斯投资额就达到近 2 亿美元，增长 80%。在中白共建"一带一路"过程中，教育合作能够使高校的作用得到更进一步发挥，在人才培养促进经济发展的过程中，真正实现两国的经济可持续发展和增长。

二、中白教育合作成果

（一）搭建合作平台

自 2010 年起，中白教育合作逐渐搭建起交流合作的平台。"中国-俄罗斯-白俄罗斯大学联盟"成立会议于 2010 年 9 月在北京理工大学隆重举行。该联盟旨在搭建中国、俄罗斯和白俄罗斯著名高校间的交流合作平台，整合合作资源，提高交流效率，为三方的成员高校在教师培训、学生交流、科研合作、人才培养等方面带来机遇与便利。联盟由来自中国、俄罗斯和白俄罗斯的 20 所高校组成。

2017 年 6 月 26—29 日，中白大学校长论坛在白俄罗斯首都明斯克举行，时任中国教育部部长陈宝生、白俄罗斯教育部部长卡尔边科、中国驻白俄罗斯大使崔启明等出席论坛并致辞。陈宝生在致辞中就中白两国互派交换生、高校间合作、语言教育、青少年交流等方面内容进行介绍，他表示两国元首在教育合作领域达成了高度共识，这为中白各高校在教育领域开展合作提供了良好基础。华东师范大学、东北大学、大连理工大学等 11 所中国高校以及白俄罗斯国立大学、白俄罗斯师范大学、白俄罗斯国立技术大学等白方高校一起，围绕"开创'一带一路'中白教育领域的科技融合与创新发展新局面"的主题，共商深入推进中白两国高校教育交流合作，聚力共建"一带一路"教育共同体。

自 2017 年起，中国部分高校陆续成立白俄罗斯研究中心。据白俄罗斯驻华大使馆统计，2012—2019 年间，中国高等教育机构内已经建成 11 个白俄罗斯研究中心和 1 个专门从事经济研究的白俄罗斯研究院。[1]

中国在白俄罗斯设立的孔子学院也是中白教育合作的一大平台。2023 年 11 月 21 日，中国驻白俄罗斯大使谢小用在中国-白俄罗斯大学联盟成立仪式上表示，白俄罗斯全国共设立有 6 家孔子学院和 2 所独立孔子课堂。[2] 在这些孔子学院中，大连理工大学与白俄罗斯国立大学合作共建的白俄罗斯国立大学共和国汉学孔子学院 2011 年被评为"全球先进孔子学院"，2019 年被孔子学院总部正式授予"示范孔子学院"称号。

---

〔1〕《白罗斯研究中心》，https://china. mfa. gov. by/zh/bilateral/humanitarian/education/cents/。

〔2〕《中国—白俄罗斯大学联盟成立》，http://www. xinhuanet. com/world/2023 - 11/22/c_1129987469. htm。

（二）完善办学模式

近年来，中国高校与白俄罗斯高校、科研院所等进行互访、签署协议，开展合作办学，不断完善办学模式。例如：2019年起贵州师范大学与维捷布斯克马舍洛夫国立大学开展合作，并且在新冠疫情期间线上开展了"偏微分方程与常微分方程"学术会议、"'一带一路'背景下大数据电商培训班"等一系列交流活动；合肥工业大学与白俄罗斯工业大学在签署校际合作协议的基础上，开始实施中白"2+2"国际合作班项目；2023年6月，白俄罗斯国立经济大学代表团访问兰州财经大学，双方签署了"1+1+1"硕士联合培养项目协议，就硕士、本科项目的学生联合培养、联合科研、举办学术会议、共建中白经贸孔子学院等内容进行深入探讨交流。

（三）加强人才培养

据2022年统计数据，中国在白俄罗斯留学生超过7000人，已经成为俄语地区仅次于俄罗斯的中国留学生第二大留学目的地国。白俄罗斯也兴起了汉语热，超过5万人有学习汉语的经历。双方在开展教育合作的过程中，举办各类专业竞赛及创新大赛，加强学生专业能力、创新能力的培养。天津外国语大学还在国际汉语教育方面积累了探索性经验，多次举办白俄罗斯"汉语桥"线上团组交流项目，向白俄罗斯汉语学习者普及汉语及中华文化知识。

（四）开展学术研究

中白教育机构联合举办学术讲座、论坛、学术会议，不断促进双方在学术研究方面取得成就。白俄罗斯语专业教材，介绍白俄罗斯社会文化、人物等的书籍相继出版发行。课程建设方面，西安外国语大学余源老师主讲的"白俄罗斯文化之旅"课程也在"中国高校外语慕课"平台开放教学。这些成果都为中国开展白俄罗斯语教学、白俄罗斯国别研究提供了可靠的研究基础和参考资料。

（五）促进文化交流

中国高校尤其是外语类院校相继举办各类文化交流活动，在中白文化普及、促进民心相通方面发挥了积极作用。天津外国语大学在时任白俄罗斯驻华大使鲁德访问学校时，举办了"中白之夜"文艺汇演。天津外国语大学与白俄罗斯雅库布·科拉斯文学纪念博物馆签署合作协议，并举办雅库布·科拉斯诗作《新土地》发行 100 周年纪念展。白俄罗斯两位伟大的民族诗人雅库布·科拉斯和扬卡·库帕拉的雕像分别落成于天津外国语大学和西安外国语大学。西安外国语大学举办了"中国–白俄罗斯草编交流云展览"活动，展示白俄罗斯草编与陕西非遗凤翔草编的共通之处，推广普及了中白两国的传统文化。在中白交流方面，郭东明、王宪举、贝文力、赵会荣、陈法春等中国学者，曾先后获得白俄罗斯教育部颁发的"中白教育关系发展突出贡献奖"。

三、中白教育合作面临的机遇与挑战

（一）机遇

两国关系提质升级。中白之间的亲密关系源远流长，始终保持着紧密的联系与互动。2022 年 9 月，在上海合作组织撒马尔罕峰会期间，两国元首共同宣布将中白关系提升至全天候全面战略伙伴关系，实现了两国关系的又一次历史性跨越。

地方合作驶上快车道。中白友好省州和友好城市数量不断增加，截至 2023 年 8 月，达到 45 对。[1] 天津市与白俄罗斯莫吉廖夫州便是其中的一对，在 2019 年正值"地方年"时双方签订了友好交流协议，之后在此框架下各地方都开展了丰富多彩的文化交流项目。

坚实的社会和民意基础。中国文化在白俄罗斯有着坚实的社会和民意基础。2023 年 5 月"茶和天下"活动在白俄罗斯首都明斯克市举行，整场活动长达 6 个多小时，到场民众达 3 万多人。当地民众评价称，这是在明斯克市举办过的人数最多、影响最大的外国文化活动。[2]

双向奔赴共建"一带一路"。在"一带一路"框架下，中白合作不断深化。时任白俄罗斯驻华大使先科表示："共建'一带一路'是一个惠及世界的重要机遇。"[3] 中白双方齐力共建"一带一路"，对于促进中白教育合作更是一个非常好的机遇。

(二) 挑战

缺乏科学办学指导和管理。中白两国教育体制和教育标准存在明显差异，要想切实实现合作办学目标，需要相关单位构建出统一的监管机制。由于双方政策法规体系不同，难以采用任意一国法规分析和解决问题，因此需要构建教育合作的政策法规体系，使两国教育合作在政策监督、审批程序、日常管理上能够上下贯通，协调发展。

专业建设与学科建设需要合理调整。中国白俄罗斯语专业初建，尚不足十年。目前白俄罗斯语专业的本科毕业生数量极少，就业情况并不理想。各白俄罗斯研究中心建立年限较短，对白俄罗斯的相关研究成果

---

〔1〕《谢小用大使就中白关系、两国各领域合作及共建"一带一路"等问题接受人民网专访》，http://by.china-embassy.gov.cn/chn/zbgx/jmwl/202308/t20230830_11135844.htm。

〔2〕《推动中白合作提质升级 共同造福两国人民》，https://baijiahao.baidu.com/s？id=1775639820784362567&wfr=spider&for=pc。

〔3〕《白俄罗斯驻华大使：共建"一带一路"是一个惠及世界的重要机遇》，https://news.cctv.com/2023/10/15/ARTIqz0xvprz6PuNZGxSagGC231015.shtml。

较为不足。开展白俄罗斯相关学术研究、对外传播中国文化的发展空间仍非常大。

四、促进中白教育合作的几点思考

一要制定发展目标。教育合作需要制定相应的人才培养目标、科学研究目标。在明确的目标指导下，才能有针对性地开展教育合作，有针对性地开展人才培养、科学研究，真正实现教育为促进经济增长、社会发展的职能作用。

二要完善发展途径。中白双方需要充分调研合作需求，构建教育合作政策的法规体系。根据需求，加强人才的定向培养，尽可能地解决人才短缺与就业困难之间的矛盾。要充分开展科研及教育交流活动，使科研成果得到有效转化。

三要确保合作的组织实施。在两国教育主管部门的指导下，各方要尽可能保障对中白教育合作中教师培训、学生派出、科研立项等方面的支持，尤其要加强科研合作力度。高校及教育机构的水平集中体现在其科研和学术水平上，提升中白教育合作质量，必须高度重视科研合作。在教育合作过程中，中白教育机构还需要大力发展学校的技术、学科、设备、人才及资源等优势，根据中白两国的发展问题及科研课题，开展科研合作交流活动及教育交流活动，以此通过科研成果的有效转化，推动国家和社会的快速发展。

新时代中白文学互译：
构建认知、理解与交融的桥梁

华东师范大学白俄罗斯研究中心主任、

浙江树人学院白俄罗斯研究中心客座教授　贝文力

文学是民族文化的主要载体。优秀的文学作品反映民族的历史进程、生活状态、精神面貌和理想追求，因而也成为认识和了解这一民族、与之进行思想交流的重要媒介。鲁迅在《捷克文译本〈短篇小说选集〉序》中写道："人类最好是彼此不隔膜，相关心。然而最平正的道路，却只有用文艺来沟通……"[1]

一、中白文学互译的发展历程

在中白相互认知的过程中，文学翻译的作用始终是独特和重要的。白俄罗斯对中国文学的接触始于 20 世纪初。白俄罗斯社会主义村社大会仿照列宁的《星火报》于 1906 年创办的《我们的田地》报在 1910 年刊

---

〔1〕　鲁迅:《捷克文译本〈短篇小说选集〉序》,载《中流》,1936 年第 1 卷第 4 期。

登了后来成为俄罗斯著名汉学家和翻译家的瓦西里·米哈伊洛维奇·阿列克谢耶夫〔1〕翻译的《聊斋志异》片段。

白俄罗斯人对中国文学作品的翻译，始于此后的 20 世纪 20 年代。1922 年，弗拉基米尔·尼古拉耶维奇·杜博夫卡〔2〕将一些经典的中国诗歌译成白俄罗斯语。当时他正在莫斯科的高等文化艺术学院深造，学习汉语，因此，这些诗歌直接译自汉语的可能性很大。从沙俄到苏联几代汉学家中，有多位白俄罗斯人。弗拉基米尔·安德列耶维奇·帕纳修克（1924—1990 年）将《三国演义》翻译成俄语。俄罗斯、白俄罗斯汉学界认为，不阅读这部小说，就不可能真正了解中国、中国人和中国文化。帕纳修克还把另一部中国古典名著《红楼梦》译成俄语。20 世纪 30 年代，中国诗人萧三曾经访问明斯克，出席国际革命作家大会。

中白文学互译的兴衰起伏，既有文学活动内部规律的作用，更是与时代的变化、两国关系的演进密切相关。20 世纪初，俄罗斯、白俄罗斯对中国文学作品的译介，是受欧洲影响产生的"中国热"和 19 世纪俄罗斯自身拓展发展空间引发的对华研究热的余绪，而 1949 年新中国的建立，中苏两大社会主义国家的关系深入发展，则为作为认知、理解、互鉴重要媒介的文学交流提供了强大的动力。中白文学作品通过翻译在对方国家出版。

这一时期，在中国翻译出版的白俄罗斯文学家的作品有：杨卡·库帕拉的《芦笛集》、雅库布·科拉斯〔3〕的《献给国土解放者》、彼特鲁斯·勃罗夫卡的诗《白俄罗斯》、杨卡·布雷尔的《扎波罗吉村的黎明》、阿尔卡基·库列绍夫的《只有前进》，以及伊万·沙米亚金创作的

---

〔1〕 瓦·米·阿列克谢耶夫(1881—1951 年)，语言学家、汉学家、钱币学家、中国古典文学翻译家、苏联科学院院士，中文名阿理克。

〔2〕 弗·尼·杜博夫卡(1900—1975 年)，诗人、散文家、翻译家、文学批评家、语言学家。

〔3〕 雅库布·科拉斯(1882—1956 年)，原名康斯坦丁·米哈伊洛维奇·密茨凯维奇，白俄罗斯作家、诗人、戏剧家、翻译家和社会活动家。

儿童读物。

在白俄罗斯，一批中国古典和近当代的诗歌、散文作品被译成白俄罗斯语、俄语与读者见面。特别值得一提的是，所选文本包括讲述中国少年儿童生活、学习的儿童文学作品。这在一定程度上反映了当时翻译作品体裁和题材的丰富多样。

从 20 世纪 70 年代末起，在改革开放春风的吹拂下，中国迎来了历史上继 50 年代之后又一个译介俄罗斯-苏联文学的高潮。在这一阶段，被翻译成汉语的白俄罗斯文学作品有：伊万·梅列日的小说《沼泽地上的人们》，伊万·沙米亚金的短篇小说《迟来的春天》《父与子》和《为了生命》，瓦西里·贝科夫的《方尖碑》《活到黎明》《一去不复返》和《索特尼科夫》，阿列斯·阿达莫维奇的纪实文学《围困记事》。

进入 21 世纪，中白两国友好合作关系不断提升，从"友好合作关系"经"全面战略伙伴关系"和"相互信任、合作共赢的全面战略伙伴关系"，达到了"全天候全面战略伙伴关系"的水平。这既为人文领域的交流合作提供了良好的条件，又在客观上对进一步加强彼此了解、深化认同提出了的新的要求。文学作品作为认知媒介的功能进一步凸显。

2015 年，中国国家新闻出版广电总局和白俄罗斯共和国新闻部签署了《关于"中白经典图书互译出版项目"合作谅解备忘录》，创办于 1994 年的明斯克国际书展将中国作为主宾国，举办了中白作家论坛。在书展框架内，白俄罗斯首次举办了"作家与时代"文学家国际研讨会。中国代表与来自世界 20 多个国家的作家一起参加。

在此之前的 2012 年，白俄罗斯星辰出版社在白俄罗斯新闻部和白俄罗斯国立大学共和国孔子学院的支持下，出版了《百名中国诗人作品集》，译者是白俄罗斯国家奖获得者尼古拉·米哈伊洛维奇·梅特利茨基。[1]此

---

[1] 尼·米·梅特利茨基(1954—2021 年),白俄罗斯诗人、翻译家、出版家、记者,白俄罗斯共和国功勋文化工作者,苏联作家协会会员。

后，在 2018 年和 2019 年，白俄罗斯文学出版社先后出版了梅特利茨基翻译的《20 世纪中国百名诗人作品集》和艾青的《光的赞歌》。

白俄罗斯在译介中国文学作品时，体裁上"偏爱"诗歌。这其中有诗歌爱好、阅读习惯、译者倾向等多种原因，而中国绵延数千年的诗歌传统象征的古老深厚底蕴所引发的认知兴趣无疑是重要原因之一。2017年，时任白俄罗斯信息部长莉莉娅·斯坦尼斯拉沃芙娜·阿娜尼奇赞叹已经为数十代人诵咏的中国诗歌所蕴含的精神力量。她说："屈原——中国第一位著名抒情诗人生活在公元前 340—270 年。中国诗歌的年龄将近2500 岁了！……而直到 20 世纪，安娜·阿赫玛托娃才翻译了屈原的《离骚》……"她把中国诗歌比喻为一个无尽的宇宙，而白俄罗斯翻译家们"决定加入探索这一宇宙的进程……"[1]

在合作谅解备忘录框架内，星辰出版社在白俄罗斯新闻部的支持下推出了系列丛书《崇高的标志：中国诗人》。李白、杜甫、王维、孟浩然、刘禹锡、李贺、苏轼、李清照、汪国真、徐志摩、闻一多、艾青、汪剑钊等中国诗人的选集陆续呈现在白俄罗斯读者面前。成立了由中白翻译家、文学评论家和出版家组成的丛书编委会。在不同时期参与编委会工作的中方专家有高莽、张洪波、张惠芹、蔡剑锋、刘素玲等。白俄罗斯中青年汉学家、翻译家叶莲娜·罗曼诺夫斯卡娅、达丽雅·涅齐波卢克等和中国翻译家一起将中国诗人的作品翻译成俄文。丛书还在国际书展上推出了中白双语版。《崇高的标志：中国诗人》项目还在继续，参与其中的不仅有白俄罗斯新闻部，还有教育部和文化部，这显示出白方对项目的高度重视。

在中国，2023 年出版了由北京第二外国语学院韩小也领衔，张惠芹、辛萌参与翻译的《白俄罗斯当代文学作品选集》。选集展示了白俄

---

〔1〕 "Министр информации Лилия Ананич о новом белорусско-китайском издательском проекте"，https://www.sb.by/articles/poeziya-prostranstvo-druzhby.html.

罗斯近几十年的文学进程。评论指出，它"不但打开了通往当代白俄罗斯文学世界的大门，也吸引了中文读者的目光，促进了中白文化互鉴，友好交流"。[1]在这个意义上，该选集也为中文读者的对白俄罗斯认知打开了一道大门。

二、文学与人民生活的关系紧密

白俄罗斯文学历史悠久，与人民的生活紧密相连。文学受时代的影响，同时又在很大程度上影响时代的发展。白俄罗斯文学题材广泛，从16世纪到20世纪，民族的生存与发展、文化的融合与演进、社会的精神需求、人的地位及其变化都在从弗朗西斯科·斯卡林那[2]到雅库布·科拉斯等人的作品中得到生动全面的反映。

当代白俄罗斯文学家们面对的是一个在意识形态、价值观念、生活方式、受众群体等方面都发生了巨大变化的社会。

当代白俄罗斯文学强调回归文学本身，凸显艺术自身的特质与规律。文学依然是"社会生活的一面镜子"，反映白俄罗斯人的物质生活和精神世界。与此同时，强调社会功能：呼应民族身份确认、国家形象塑造的时代呼求；继承发扬悠久、丰富而斑杂的文学传统；自觉加入全球化语境下的多元文化对话，同时积极探寻彰显自身思想与艺术特色的道路，呈现出日益清晰、独特的面貌。

在论述当今的白俄罗斯文学生活时，评论家安娜·尼古拉耶夫娜·基斯利岑娜强调，读者对本民族文学的兴趣显著增长，白俄罗斯作家、诗人的作品广受关注和欢迎，白俄罗斯语作为主要的民族标志在一些作

---

〔1〕《欧洲学院教师韩小也领衔译作〈白俄罗斯当代文学作品选集〉斩获奖项》，https://www.bisu.edu.cn/art/2023/5/26/art_18951_313691.html。

〔2〕弗朗西斯科·斯卡林那（1486—1551年），白俄罗斯作家、人文学家、哲学家、印刷业奠基人。

品里成为"具有象征意义的形象"。同时，她还勾勒了当代白俄罗斯文学的几个特点，包括历史题材的回归，游记、随笔等"旅行类"体裁走红，融入作者的经历感受以及采访、档案文献的非虚构作品广受重视，等等。[1]

而这一切对应的是在新的历史发展阶段白俄罗斯民族意识的昂扬、国家形象的构建、个体与群体身份的确定与认同。

这些都自然而鲜明地体现在娜塔莉娅·尼古拉耶夫娜·巴特拉科娃创作的长篇小说《永恒的瞬间》中。巴特拉科娃是当代白俄罗斯文学的代表性作家，《永恒的瞬间》在 2012 年被评为白俄罗斯最受欢迎的小说，至今也仍然位于白俄罗斯读者最喜爱作品的行列。历史上，白俄罗斯经典作家的创作，基本以乡村题材为主。巴特拉科娃的小说则主要反映城市生活和都市女性生活，她也因此被称为"城市小说女王"。她本人自然推却这个称号，笑称与自己的姓氏太过违和（"巴特拉科"在俄语里是"雇农、长工"的意思），但在作品中如此集中而全面地描绘当代城市女性，除她之外，在当今白俄罗斯文坛，似乎还没有第二位。城市女性生活成为创作主题，既与作家经历体验有关，又与社会发展变化有关。1991 年年底社会转型开始以后，白俄罗斯的意识形态和价值观念发生了根本性变化，现代化进程不断加速，城市生活形态日新月异。巴特拉科娃将目光投向正在身边发生的一切，描摹万花筒般的场景：坚强的女人与疲惫的男人、信任与欺骗、精神情感与生理欲念、家庭建设与事业经营、合作与竞争、追求幸福的艰辛与代价、获得成功以后的喜悦与茫然……她像一个普通的白俄罗斯女性一样生活，沉浸在生活中。她把自己的小说视为亲生的孩子，把写作的过程比喻为怀孕，把素材称作一根根发丝，而她的工作是把这些发丝编成发辫。与此同时，她的主人

---

[1] А. Н. Кислицина, "5 тенденций современной белорусской литературы", https://www.bel-jurist.com/page/modern-literature.

公们没有真正意义上的原型，她多次强调说，那都是一些"集合起来的图像"。这不禁使人想起米哈伊尔·莱蒙托夫说的关于《当代英雄》中的主人公毕巧林形象的那段话，莱蒙托夫称那是一幅肖像，但不是某一个人的肖像，而是集合起同时代人特性之大成的一幅肖像。集合起来的图像或肖像，描绘的是典型环境中的典型人物。城市商业化社会中女性的角色、地位、作用、需求是巴特拉科娃小说表现的中心对象。[1]

巴特拉科娃的小说辨识度很高，主要有以下几个鲜明特点：

第一，延循经典文学的传统，通过对个人的情感经历、家庭生活、事业发展的描写，反映广阔的时代生活，进而展开对人性、价值、道德、生活意义的思考与评析。

第二，鲜明的现实主义，对爱及其力量的高度肯定与赞美。同时又带有一定的后现代元素，反映社会秩序的破裂和家庭秩序的衰退、一定程度上人心的恐慌、美的渺茫、人格的变异、道德的崩溃和人在自己世界中的孤独。

第三，对应当代城市生活的内容与节奏，情节丰富，连绵不断，推动故事迅速发展。

第四，在快节奏的故事叙述中，人物的心理依然得到细腻的展现和深入的挖掘。

第五，运用诗歌引导、梦境描写等手法，增强象征含义，由此拓展叙述的内容空间和提升情绪的饱满程度。

第六，虚构的故事在真实的时空中展开。作品中的城市、机场、街道、商店、庭院、住宅楼……多数情况下都是生活中的现实存在。阅读时，读者仿佛身临其境，有强烈的"在场感"。

这些特点也体现在巴特拉科娃的代表作《永恒的瞬间》中。小说以

---

[1] 娜塔莉雅·巴特拉科娃著，贝文力、何潇译：《永恒的瞬间》，上海：上海外语教育出版社，2021年版，第414页。

首都明斯克的记者卡佳·普罗斯库林娜的一段生活与感情经历为主线，聚焦文学的永恒主题——爱情：它由什么萌生？怎样护卫它？如果他/她的所作所为差点毁了你的生活，如何原谅心爱的人？在情感生活中，承认自己的错误，是胜利还是失败？等等……对这些问题的思考与解析通过铺陈一个曲折的故事来完成。书中，哀伤的瞬间与幸福的瞬间、迷茫的瞬间与智慧的瞬间，无数内涵多重的瞬间在明斯克的时空里联成"永恒的瞬间"，构成对"爱情"的当代白俄罗斯的诠释与表达。

两个成年人之间的爱情故事在时代大背景下展开。读者在为主人公命运起伏感叹的同时，也得以窥见当代白俄罗斯和白俄罗斯人生活的多维截面，感受到个人与时代的关系以及在民族身份确定、国家形象塑造、继承发扬传统、自觉加入全球多元文化对话语境下当代白俄罗斯文学的一些特质。[1]

三、若干建议

通过文学作品的译介，丰富认知，增加了解，深化理解，"构建认知、理解和交流的桥梁"作用显著，意义重大，大有可为。笔者建议在未来：

（一）做好规划

以《关于"中白经典图书互译出版项目"合作备忘录》为基础，结合双方的力量和资源，在体裁题材的确定、作品的选择等方面做好规划、统筹、协调，使相关工作更具条理，形成体系。

---

〔1〕 娜塔莉雅·巴特拉科娃著,贝文力、何潇译:《永恒的瞬间》,上海:上海外语教育出版社,2021 年版,第 414 页。

（二）进一步丰富所翻译的文学作品的体裁

从目前看，诗歌占比很大。作为一种文学体裁，诗歌饱含着丰富的形象和情感，常以直接抒情的方式来表现，语言精炼，音调和谐。与此同时，诗歌对于富有社会意义的现实生活的反映，一般不是通过对生活的全面、具体、细致的描绘达成，而是选择生活中最有特征的片段，来表现诗人的思想感情，创造一种感人的艺术境界，激发读者的感情，引起他们的生活联想，从而发挥诗歌感染人、教育人的作用。而小说是以塑造人物形象、叙述故事为主的体裁，它的主要特点是细致而多方面地刻画人物性格，生动而完整地叙述故事情节和充分地、多方面地展现人物活动的环境。因此，比起其他文学体裁，小说更适合于展现广阔的社会生活，描述曲折生动的故事情节，表现错综复杂的人物关系。长篇小说容量大，篇幅长，可以展现广阔复杂的社会生活，展现某一历史时期的现实。短篇小说容量小，篇幅短，因此，它的人物通常不多，情节、场景集中紧凑，线索相对简单。尽管如此，短篇小说仍然可以通过富有典型意义的生活片段，或主要人物某一阶段的经历、遭遇，塑造出鲜明、生动的人物典型来，形象地提出和回答现实生活中某一重大的问题。[1] 从这个意义上来讲，小说能够提供更丰富和全面的认知。

（三）扩大和加强译介队伍的力量

顶层设计和统筹协调是做好译介工作的前提和基础，而专业且敬业的译介队伍是构建好这座桥梁的保障。在中国，文学和艺术研究学者、翻译家高莽先生为白俄罗斯文学的翻译、传播做出了卓越的贡献，并为后人树立了标杆。他早在 1958 年就翻译出版了马克西姆·坦克的诗集。张惠芹、赵会荣、韩小也、许传华、付美艳、余源等老师正在发挥中坚

---

[1] 以群：《文学的基本原理》，上海：上海文艺出版社，1980 年版，第 387—397 页。

的作用，并在北京、天津、西安等地带领和提携一批青年学者和学生。在白俄罗斯，米科拉·梅特利茨基是前辈级的领军人物，白俄罗斯国立大学等院校机构有一批中青年汉学才俊正脱颖而出。但随着中白关系的蓬勃发展和认知需求的扩大提高，需要有更多专业且敬业的人士投入到这项工作中。双方要吸引有在彼此文化环境中学习生活工作过的人员从事或参与翻译工作，以往的经历体验有助于正确地理解文本、还原场景、解析内涵。著名翻译家白嗣宏先生在谈翻译体会时曾说："我们在阅读俄文作品时，由于留学和在俄罗斯多年生活的经验，对于作者描绘的形象往往会自然而然地具象化。但是换位思考，中国读者不一定都有这个经验，这就需要在翻译过程中用中文表达出能使其思维中出现同样的形象、同样的感知、同样的感情。"[1]而对对方文化的切身体验，能在很大程度上帮助译者做到这一点，尤其当中白两种文化存在很大差异的时候。

例如，白俄罗斯文学报上登载各国诗人的诗作，姓名的标准写法是姓的字母全部大写，名的首字母大写。在标示中国诗人时，常把名当作姓表述。其他国家诗人都是名在前姓在后，而中国人的惯例是姓在前名在后，这和强调家族与凸显个人、由大到小的思维与由小到大的思维传统有关。姓名的次序，包含着历史传统、文化观念。姓名次序的表示上尚会出现误差，具有深广文化内涵和特色的文学文本更需要译者在具备相当的语言水平、理解能力的同时，还拥有对翻译对象的历史文化知识，对当今社会生活的全面了解和体悟。

（四）加大推广和发行工作

事实上，双方各界对彼此的文学作品——尤其是当代文学作品以及通过文学作品获得认知有很大的兴趣。2016 年上海书展时，斯维特兰

---

〔1〕《新时代中俄文学艺术交流如何"美美与共"》，https://www.chinanews.com.cn/gn/2022/01-15/9652872.shtml。

娜·亚历山德罗夫娜·阿列克谢耶维奇[1]受到读者的热烈欢迎。当然，这也和她获得诺贝尔文学奖有很大的关系。历史上白俄罗斯对中国感兴趣的生动例子也不少，例如每个白俄罗斯小学生都读过或至少知道有《波列斯克鲁滨逊》这本书，但很少有人知道，这本书的作者，白俄罗斯杰出作家扬卡·马夫尔[2]曾在各种报刊上撰写过不少关于中国的文章。虽然他一直生活在白俄罗斯，没有走出过自己的故乡，当时也没有互联网，但他通过各种方式寻找关于中国的资料，编写文章，激发起各个年龄层次的读者对遥远中国的兴趣。为避免译介作品"养在深闺人未识"或只局限在学术界流传，可结合翻译出版，组织举办多层级、多形式的配套活动，如新书发布会、作家签名售书会、研讨会，定期向媒体推介双方的文学作品、举行文学作品改编的专题影视展映，与图书馆合作，举行读者座谈会、作品朗读表演会等。

---

〔1〕 斯·阿列克谢耶维奇的《锌皮娃娃兵》《切尔诺贝利的悲剧》《我是女兵，也是女人》《我还是想你，妈妈》《二手时间》等作品已被翻译成中文。

〔2〕 原名伊万·米哈伊洛维奇·费多罗夫（1883—1971年），白俄罗斯作家、翻译家、剧作家。白俄罗斯儿童文学创始人之一。

第三单元

关于白俄罗斯研究及其他问题

浅谈区域国别学研究视野下的白俄罗斯研究

北京第二外国语学院欧洲学院副院长、

白俄罗斯研究中心主任　许传华

2022 年 9 月 13 日，国务院学位委员会、教育部发布《研究生教育学科专业目录（2022 年）》，将"区域国别学"纳入交叉学科一级学科目录，可授予经济学、法学、文学、历史学学位。此举可以促进多学科交叉融合，推动跨学科研究和发展，可以为学生提供更多机会学习多学科知识和技能，培养具有国际视野和跨文化交流能力的复合型人才，同时可以更好地适应国家的发展需要，为国家的外交、文化交流和经济发展提供更多的人才支持。但问题在于，作为一个新兴学科，其研究对象、研究方法和路径何在？其对于具体的区域国别研究具有何种指导意义？

一、区域国别学话语下的白俄罗斯研究对象

区域国别学研究的对象是针对特定国家或区域的各种信息，包括政

治、经济、文化、社会、历史、法律等各个方面。从学科门类来看，主要涉及经济学、法学、文学、历史学四大学科：

经济学在区域国别研究中主要涉及该地区经济发展、贸易政策、货币政策、财政政策等方面的研究，其中包括金融、税务、国际商务、保险、资产评估、数字经济等，这些或成为区域国别学的重要研究对象。

法学则主要涉及该区域或国别的法律制度和法治环境，其中政治学、社会学、民族学、公安学、法律、社会工作、警务、知识产权、国际事务等或是区域国别学中关注的重要领域。

在文化传播和中国文化走出去的背景下，区域国别学中的文学交叉学科具有非常重要的意义和价值，通过深入研究世界各国、各地区的文化、历史、社会和政治等方面，有助于深入了解不同国家和地区的文化特色和差异，从而为文化传播提供更为准确和全面的信息，其中的外国语言文学、新闻传播学、翻译、新闻与传播或成为重要的显学。

历史学在区域国别研究中的研究可以帮助我们了解特定地区或国别的历史渊源和文化传承，为现实政策和经济发展提供历史经验和启示，为政策制定者和企业决策者提供更加全面准确的参考和支持。其中世界史或成为重要的研究对象，通过研究不同国家和地区的历史、文化、社会和经济等方面，可以深入了解全球的多样性和复杂性，为区域国别研究提供更为广阔的视野和理论基础。

需要提及的是，区域国别学中的经济学、法学、文学、历史学并不是传统的单学科研究，而是一个交叉学科，这就意味着：其一，它突破了单一学科的限制，从多角度、多层次探究特定国家或区域的社会、文化、历史和经济等方面的问题，具有跨学科性的特点；其二，它通过研究特定国家或区域的政策法规、经济发展、文化传承等方面的问题，可以为政府决策、企业发展、文化交流等方面提供参考和指导，具有极强的实用性特征；其三，它的研究既关注微观层面上的问题，也关注宏观层面上的问题。在研究特定国家或区域的经济、法律、文化等方面时，既关注研究对象内部机制和影响因素，也关注其与全球体系的联系和互动，是宏微相间的产物。

白俄罗斯研究作为区域国别学的一个学科方向，其研究对象应该涉及白俄罗斯的政治、经济、军事、社会、历史、思想、文化等各个方面；在学科性质方面它兼跨前文所述的四大学科，既要描述研究对象的真实性与客观性，又要追溯其蕴含的人文社会价值，更要对其实用性和适用性进行阐释。

近年来，中国和白俄罗斯政治互信加强，两国高层互访频繁，双方在联合国、上海合作组织等多边机构中也有着密切的合作。中白之间的贸易往来不断增加，双方在工业、农业、科技等领域的合作也在不断深化。此外，中白两国在文化、教育、科技等领域的交流与合作也在不断加强。例如，中国在白俄罗斯设立了孔子学院，推广汉语文化；白俄罗斯也在中国设立了文化中心，推广白俄罗斯文化等。但是，中白关系仍存在着显著改善空间。

首先，经济方面的变化主要来自白俄罗斯的经济转型和结构调整。尽管白俄罗斯的经济在过去几年中有所改善，但其经济结构仍然较为单一，对外贸易依存度较高，且受到俄乌冲突的影响，白俄罗斯的经济和政治形势都变得更加复杂。此外，中白之间的贸易结构也需要进一步优化，以实现更加平衡和可持续的贸易关系。

其次，由于俄白的盟友关系，在新一轮俄乌冲突中受到的来自西方国家的压力，也将传导至中白关系上。中白政治互信仍需进一步排除第三方干扰因素。

因此，在机遇与挑战共存的情况下，中国的白俄罗斯研究应该在基础性和理论性研究的基础上更加注重应用性研究。对于中国来说，白俄罗斯不仅仅是一个合作伙伴，更是一个有着丰富历史、文化和文明的国家。通过加强基础性和理论性研究，我们可以更深入地理解白俄罗斯，从而为应用性研究提供坚实的基础。此外，应用性研究是将理论知识转化为实践的关键过程。通过与白俄罗斯的交流和合作，双方市场的合作需求也越来越大，我们可以将中国的研究成果转化为实际的应用，从而推动两国在科技、经济和文化等领域的合作。

二、区域国别学话语下的白俄罗斯研究路径

在白俄罗斯研究中，通过不同学科的交叉研究，可以更全面地了解白俄罗斯的政治、经济、文化和社会等方面的情况，从而为中白关系的发展提供更准确、全面的信息和支持。在现有的学科体系和学科门类下，如何才能有效地实行学科交叉，实现应用性研究的突破呢？

第一，白俄罗斯研究需要利用好已有的研究平台。根据教育部国际合作与交流司的统计，截至 2022 年年初，全国共批准设立了 402 个国别和区域研究备案中心，42 家高校国别和区域研究培育基地。据白俄罗斯驻华大使馆统计，中国共有 11 个白俄罗斯研究中心和一个专门从事经济研究的白俄罗斯研究院。[1] 但事实上，国内白俄罗斯研究机构远不止12 家，中国社科院的中白发展分析中心、山东省科学院白俄罗斯研究中心、武汉大学俄乌白研究中心等就没有进入白俄罗斯使馆的统计名单之内。

鉴于此，在已有的研究平台上，我们应当鼓励来自不同学科背景的专家和学者共同合作，开展跨学科研究项目，鼓励相关科研机构和学院之间进行合作，共同开展研究项目和教学活动，通过资源共享和知识互补，提高整体的研究水平和教学质量。或许更为重要的是，我们应当加强高校和地区之间的研究机构合作，共同开展研究项目和学术活动，力

---

〔1〕《白罗斯研究中心》，https://china. mfa. gov. by/zh/bilateral/humanitarian/education/cents/。

图建立一个完善的信息共享平台，鼓励不同学科、部门、学院之间的学者进行学术交流和合作。

第二，充分发挥俄语和白俄罗斯语的工具性、人文性功能，在新文科的背景下，总结"外语+"的跨学科经验，构建外语与各学科的交叉融合机制，鼓励外语与其他学科进行交叉融合，创新学科专业设置，形成具有特色的学科专业群。在科研上，推动协调合作、协同攻关的科研模式，设立跨学科的科研项目，鼓励不同学科的学者共同参与，发挥各自的优势，实现科研的创新和发展。此外，可以与白俄罗斯高校和科研机构建立合作关系，开展联合研究和学术交流活动，推动研究的创新和发展。

第三，建立跨学科研究团队，培养复合型人才。不同学科的研究人员可以共同组成研究团队，开展交叉研究，从而更好地理解和分析白俄罗斯的各个方面。传统的学科划分和界限可能导致学者们在沟通和合作时存在障碍，限制了跨学科研究的开展。我们应当推动教育和科研系统的改革，鼓励跨学科教育和研究，打破传统的学科界限。通过举办跨学科研讨会、合作项目等方式，促进不同领域的学者之间的交流和合作。同时，加强对青年学者的跨学科培养，鼓励他们涉猎不同领域，提高他们的综合素质和能力。另外，可以引进具有国际视野和合作精神的跨学科人才，带动本土团队的发展。

在解决好人、工具和平台的基础上，白俄罗斯研究中如何有效解决文史经法四大学科之间的交叉成为一个问题，北京大学钱乘旦教授曾言："区域国别研究是一个领域，而区域国别学是一个学科。"[1] 云南大学卢光盛也说："区域国别学的学科建设需要关注区域国别学的学科体系、

---

〔1〕 钱乘旦、李希光、罗林等：《区域国别学研究与学科建设笔谈（二）》，载《区域国别学刊》，2023 年第 7 卷第 5 期，第 7 页。

学术体系和话语体系这'三大体系'的建设。"〔1〕这就意味着：

第一，在学科体系建设上，应当注重白俄罗斯学的建设。作为一门学科，需要有一个完整的学科体系，包括学科理论、研究方法和具体研究对象等。在构建学科体系时，需要注重学科的独立性和系统性，同时还要考虑不同文化之间的差异和联系，以便能够更好地掌握白俄罗斯学的特点和规律。值得提倡的是，白俄罗斯学作为一门涉及多个领域、多个国家和地区的综合性学科，需要强化自主知识体系的构建，需要注重知识的原创性和创新性，同时还要考虑不同国家和地区之间的差异和联系，以便能够更好地掌握区域国别学的特点和规律。

第二，作为学术体系的白俄罗斯研究是一个领域，应当注重实用性和应用性，同时需要注重学术研究的规范性和创新性，注重学术研究的深度和广度，同时还要考虑不同学术流派之间的差异和联系，以便能够更好地推动白俄罗斯研究的发展和创新。其一，在白俄罗斯研究中，需要遵循学术规范和标准，包括文献引用、论文撰写、数据采集和分析等方面的规范。同时，还需要注重学术伦理和道德，确保研究的真实性和可信性。其二，白俄罗斯研究需要不断推进理论和方法创新，以解决现实问题和研究新的现象。可以通过借鉴其他学科的理论和方法，或者开发新的理论和方法来推动白俄罗斯研究的创新。其三，在深度方面，需要深入研究白俄罗斯的历史、文化、政治、经济等各个领域，以便能够更好地理解其现状和发展趋势。在广度方面，需要关注白俄罗斯与其他国家和地区的联系和互动，以及其对地区和全球的影响。

第三，作为话语体系建设的白俄罗斯研究，需要注重话语的权威性和影响力。在构建话语体系时，需要注重话语的创新性和传播效果，同

---

〔1〕 卢光盛、马燕坤:《问题意识与区域国别学学科建设》,载《中国社会科学报》,2023 年 10 月 26 日,第 7 版。

时还要考虑不同受众之间的差异和联系，以便能够更好地推广白俄罗斯学和白俄罗斯研究的价值与意义。其一，注重话语的权威性和影响力，可以通过建立专业学术机构、出版高质量的学术期刊和著作、加强与国际学术界的交流和合作等方式来提高白俄罗斯研究的话语权威性和影响力；其二，白俄罗斯研究的话语体系建设需要注重话语的创新性，可以通过引入新的理论和方法、探讨新的研究问题、开发新的研究领域等方式来推动白俄罗斯研究的创新发展；其三，注重话语的传播效果，可以通过举办学术会议、开展社会调查、加强与媒体的合作等方式来扩大白俄罗斯研究的传播范围和影响力。

三、白俄罗斯研究的问题意识和中国立场

问题意识是指人们对客观存在的矛盾的敏锐感知和认识，是发现问题、分析问题、解决问题的一种心理状态、思想自觉和思维方式。它是一种能动的批判精神、忧患意识和底线思维，能够帮助人们及时准确地发现问题，全面正确地认识问题，从而指导我们正确地解决问题，能够帮助我们更好地应对各种风险和挑战，推动个人和社会的发展进步。

在白俄罗斯研究中，具有问题意识，增强政治敏感性是非常重要的。对白俄罗斯的研究需要深入了解其政治体制、外交政策、安全形势等方面的内容，同时需要关注国际政治变化对白俄罗斯的影响。

第一，关注国际政治变化对白俄罗斯的影响。国际政治变化对白俄罗斯的影响是非常显著的，因此研究人员需要密切关注，并分析可能出现的风险和挑战。通过白俄罗斯政府、立法机构、外交部门等官方渠道获取最直接、最权威的资料，但是对这些资料的分析与预判需要长期的跟踪。不仅需要定期关注白俄罗斯政府、立法机构、外交部门等官方渠道发布的信息，以及与白俄罗斯政治、外交关系密切的国家和地区的政治、经济、安全等方面的相关资料，同时也应当收集和分析有关白俄罗

斯政治体制和外交政策的学术论文、研究报告等，以了解最新的研究进展和趋势。

第二，加强对白俄罗斯安全形势的研究。白俄罗斯的安全形势是影响其对外关系的重要因素之一，因此研究人员需要加强对其研究，不仅需要持续关注白俄罗斯及周边国家的新闻媒体对白俄罗斯的报道，关注与白俄罗斯政治、外交关系密切的民间组织和社会团体发布的研究报告或分析文章，更为重要的是要长期进行实地考察和调研，与当地政治、外交界人士交流，深入了解白俄罗斯的政治体制和外交政策，及时掌握最新的动态和趋势，为相关决策提供参考和支持。

第三，为中白教育文化交流建言献策，为有关部门决策提供智力支撑。应当鼓励中国和白俄罗斯的高等院校之间建立稳定的合作关系，开展联合办学、学术交流、科研合作等活动。在适当的条件下，也可推动两国中小学校之间的交流与合作，开展校际友好关系建设、师生互访、课程互换等合作项目。可以通过线上课程、远程教育等方式拓展教育资源共享，提高两国基础教育的教学质量和水平。更为重要的是要加强两国教育、文化、科技等领域的政策法规交流，为双方合作提供法制保障和支持。同时，鼓励两国智库和学术界之间开展合作研究项目、举办学术会议，共同探讨关系两国共同利益的重大战略问题和发展趋势，为两国政策制定和发展规划提供智力支持。

需要提及的是，中国白俄罗斯研究需要具有明确的中国立场和中国意识，防止误入研究的歧途。学术研究中的中国立场和中国意识是指在进行学术研究时，坚持以中国的基本国情、历史文化传统和价值观为基础，运用中国独特的思维方式和研究方法，客观、全面、深入地认识和分析问题，并提出符合中国实际和利益的解决方案。

第一，学术研究需要保持思考的独立性和客观性。在白俄罗斯研究中，也同样需要保持这两种特性，不被外界的干扰和影响所左右。同时，也需要对各种信息和观点进行客观分析，避免偏听偏信。其一，需要避免受到研究以外的干扰和影响。这包括客观世界的外部压力和影响，也包括个人情感和偏见等因素。其二，需要对各种信息和观点进行客观分析。需要收集和分析各种来源的信息和观点，包括官方发布的数据、学术研究论文、媒体报道等。对于这些信息和观点，需要进行客观分析和评估，以避免偏听偏信。其三，需要遵守学术规范和职业道德，尊重他人的研究成果和学术贡献。同时，也需要对自己的研究成果进行严格的审查和评估，以确保研究的客观性和准确性。

第二，关注中国的核心利益和重大关切。白俄罗斯研究应关注和回应中国的核心利益和重大战略，如国家安全、经济发展、社会稳定等。对于白俄罗斯方面的情况和态度，需要结合中国的立场和利益进行客观分析，避免陷入狭隘的利益和偏见。其一，在国家安全方面，白俄罗斯作为欧洲的"一带一路"倡议共建国家，其政治、经济和社会发展对中国国家安全具有一定影响。在研究中，需要关注白俄罗斯的政治局势、军事动态以及与中国的安全合作等方面，并从中国的立场出发，提出相应的建议和对策。其二，在经济发展方面，白俄罗斯是中国较为重要的贸易伙伴之一，两国之间的经济合作和交流一直保持着良好的发展势头。在研究中，需要关注白俄罗斯的经济发展趋势、投资环境以及与中国之间的经济合作等方面的情况，并从中国的利益出发，提出相应的建议和对策。其三，在社会稳定方面，中白人文交流和民间往来也具有重要的意义。在研究中，需要关注白俄罗斯的社会稳定情况、文化传统以及与中国之间的人文交流等方面，并从中国的立场出发，提出相应的建议和对策。

第三，重视中国传统文化和价值观的影响、强调中国特色的解决方案。中国传统文化和价值观是构成中国社会的重要基础，在进行学术研究时，要深入了解和挖掘中国传统文化和价值观的内涵和特点，运用其独特的思维方式和研究方法，探究中国社会和文化的深层次问题。同时，要提出符合中国实际和利益的解决方案。在研究中，要充分考虑中国的政治制度、经济发展模式、社会结构等方面的特点，提出具有中国特色的发展思路和政策建议。

　　总而言之，除了建构白俄罗斯学之外，在白俄罗斯研究中应当强调研究成果的实践性和可操作性，要充分考虑研究成果的实际应用价值，提出具体可行的政策建议和实践措施，以便提供可资借鉴的经验和启示。

俄乌冲突下的东斯拉夫民族问题研究

南京理工大学外国语学院　刘丽秋　杨　蔚

　　东斯拉夫民族主要由俄罗斯人、乌克兰人和白俄罗斯人构成，他们曾同属统一的基辅罗斯国家，而如今三者之间形成了微妙复杂的关系。俄乌之间冲突不断升级，双方水火不容，俄白之间亲密升温，情同手足。造成上述局面的原因诸多，既有外部势力的干扰，也受到内部政党对外政策的影响，而更深层次的原因蕴含在 1000 多年以来东斯拉夫民族变迁与历史的纠葛中。在俄乌冲突背景下，考察东斯拉夫民族问题，对于持续推进多民族国家的稳定和繁荣具有一定现实意义。

　　俄罗斯、白俄罗斯与乌克兰同属东斯拉夫民族国家，他们之间有着深刻的历史渊源。俄白有着良好且紧密的关系，与俄乌的关系形成了鲜明对比。东斯拉夫民族"三兄弟"的爱恨情仇，不仅涉及自身命运的发展，也深刻影响国际关系态势。2014 年迄今，俄乌之间爆发了全面的纷争和冲突，涵盖政治、军事、经济、文化、历史等诸多领域，俄乌冲突的爆发不仅受到外部势力的浸染，也受到东斯拉夫民族文化、民族意识等因素的影响，甚至在一定程度上民族文化与民族意识是俄乌冲突爆发的深层原因。民族问题是一个重大的社会问题,它关系到多民族国家的政治安定、经济发展乃至领土完整、主权独立。民族问题处理的妥善与否关系国家兴亡,在经济全球化时代,妥善处理民族问题更是一项战略任务,必须高度重视、严肃对待。妥善处理多民族国家中各种民族问题,避免民族主义误入极端民族主义或民族分离主义的歧途,无疑是 21 世纪人类社会应予以充分重视的一个问题。

一、东斯拉夫民族历史

东斯拉夫三大民族包括俄罗斯人、乌克兰人、白俄罗斯人,他们的先民是古斯拉夫人,远祖是印欧人。俄罗斯科学院院士沙赫马托夫在系统地考证了俄国古代编年史与俄语及其方言发展史后,认为:古斯拉夫人源于维斯瓦河上游,蒂萨河沿岸和喀尔巴阡山一带,大体相当于现代的匈牙利东部及波兰南部。

公元 5 世纪初,在黑海、波罗的海和白海之间出现了东斯拉夫人。东斯拉夫人定居的两个中心城市是基辅和诺夫哥罗德。众多东斯拉夫部落联合到一起组成了古代罗斯国家,公元 882 年在第聂伯河中游以基辅为中心建立了基辅罗斯,是中世纪欧洲最大的国家之一。公元 11 世纪,大公雅罗斯拉夫执政时期,基辅罗斯进入全盛,其版图包括今天乌克兰的大部分、白俄罗斯和俄罗斯欧洲领土的大部分,曾有高度发达的文化和经济及强大的军事力量。基辅罗斯有统一的国家政治生活——基辅大公统治下的分散的世袭领地,有一致的宗教信仰——由拜占庭传来的东正教,有一致的精神文明——斯拉夫化的东方文化,有建立在混合地方语言基础上的共同语言——古俄语,也有一致抵御外寇的军事力量。1054 年雅罗斯拉夫死后,统一的罗斯国家瓦解,封建割据势力增强,国家内部各领地之间内讧不断,基辅罗斯逐渐走向衰亡。13 世纪蒙古人西征占领了东斯拉夫的大片领土,标志基辅罗斯国家的灭亡。东斯拉夫人被迫从第聂伯河流域迁出，原来统一的基辅罗斯国家分裂成不同的公国。13 世纪下半叶至 15 世纪，白俄罗斯和乌克兰并入立陶宛大公国。

（一）以莫斯科为中心的俄罗斯人

伴随基辅罗斯的内讧和外敌入侵，罗斯人分别向东西两个方向迁徙。向东迁移的罗斯人定居在奥卡河与伏尔加河上游一带，与芬兰-乌戈尔各部族毗邻而居，这些当地原住民在与东斯拉夫人的不断接触中，慢慢被同化，逐渐融合一起，在同化过程中芬兰人的文化和语言对这部分罗斯人产生了重要影响，形成了具有芬兰人种特征的"大俄罗斯民族"。罗斯人在这一地区伐林开荒，以务农为主。东欧沙质土地在耕种几年后，需要休耕，因此罗斯人需要不断向东北方向迁移，在不断向东迁移的过程中，罗斯托夫-苏兹达尔公国逐渐扩大成弗拉基米尔-苏兹达尔公国，最终形成了以莫斯科公国为中心的东北罗斯（即俄罗斯），莫斯科之后逐步取代基辅成为罗斯人的首府，他们处于金帐汗国的统治之下。莫斯科公国经过不断发展、积累，逐步强大，最终打败蒙古人，建立了独立国家。

（二）以加利奇和沃伦为中心的乌克兰人

12 世纪末，在基辅罗斯兴起了两个最为强大的相互对立的中心，其中之一便是以加利奇为都城的加里西亚-沃伦尼亚公国（西南中心），即今日的乌克兰地区。加里西亚-沃伦尼亚公国在基辅遭到蒙古鞑靼入侵后，便奋起反抗，抵挡和牵制了蒙古人西进的步伐，位于其西部的波兰，西北部的立陶宛和西南部的匈牙利在此期间获得了发展，逐渐强大起来，最终加里西亚-沃伦尼亚公国在 14—15 世纪被逐步强大的西方邻居吞并。

（三）以波洛茨克、图罗夫及明斯克公国为主的白俄罗斯人

白俄罗斯词语中的"白"不仅有科学释义，而且有文学释义。象征着"白""纯正"，指白俄罗斯人比乌克兰人和俄罗斯人保留了更纯正的东斯拉夫人血统。形容词"白"在 13—18 世纪是"伟大的""神圣的""自由的""独立的"这些词汇的同义词。罗斯人把形容词"白"固化为指代"波洛茨克"，始于 13 世纪下半期。俄罗斯历史学家据此把此术语与波洛茨克的自由和独立联系起来，即蒙古鞑靼人没有奴役过波洛茨克。由此，白罗斯人一般理解为"纯种的罗斯人"，指代他们既没有被蒙古人统治过，也与波兰、立陶宛具有一定差别。

公元 950 年及以前，白俄罗斯的全部领土几乎都处在基辅罗斯境内。基辅罗斯灭亡后，13 世纪中叶，白俄罗斯人与立陶宛人一道打败蒙古人及日耳曼骑士团，合并于立陶宛大公国。

二、俄罗斯与乌克兰民族冲突的历史溯源

俄罗斯、白俄罗斯和乌克兰具有共同的复杂的历史，在基辅罗斯时期、蒙古鞑靼统治时期、俄罗斯帝国时期和苏联时期历经千年，有着千丝万缕、难以割断的密切联系，三者之间形成了不同的关系，造成如今俄乌水火不容、俄白亲密无间局面的原因为何，耐人寻味。

俄乌的恩怨纠葛，主要有以下原因：

第一，乌克兰强烈的民族意识。13 世纪蒙古人入侵，基辅罗斯四分五裂。乌克兰被立陶宛大公国统治，与东斯拉夫民族的第一次割裂时间长达 3 个世纪。这一时期，俄乌走上了不同的发展道路，乌克兰民族形成，其语言、文化及生活习俗与罗斯独立开来，其语言受波兰和立陶宛的影响（1569 年波兰和立陶宛实现联合，成为波兰立陶宛王国），其文化的形成和发展也有波兰化的特征，这些因素导致乌克兰民族的特殊性。

乌克兰形成了自身独特的语言、文化，并保持了一定的独立性。基辅罗斯灭亡导致两个东斯拉夫民族的疏离，乌克兰形成了自己独特的民族性，但其内在又具有深刻的矛盾，东乌克兰和西乌克兰之间存在深刻隔阂，这是俄乌冲突爆发的历史根源之一。

第二，乌克兰内部相当大的文化分裂。如德国前总理格哈德·施罗德所指出，乌克兰是一个"文化分裂的国家"。历史上乌克兰曾多次一分为二，东乌克兰长期处于俄国人统治之下，西乌克兰长期受波兰人管辖，这就使东西乌克兰人在人文、政治等领域认知存在较大差别。乌克兰由东西两大区域构成，东部以俄罗斯族为主，信奉东正教，以工业为主要产业；西部以乌克兰族为主，信奉天主教，以从事农业者居多。东西两个区域在民族、语言、宗教等方面存在着相当大的差异。

第三，民族身份与历史叙事是俄乌冲突逃脱不掉的历史宿命。俄乌同属东斯拉夫民族，历史上都可以溯源至基辅罗斯。蒙古鞑靼入侵，立陶宛、波兰对基辅罗斯的争夺使得东斯拉夫民族被不断割裂，在几百年的分裂中，乌克兰人已经逐渐形成了区别于俄罗斯人的民族性格和特点。由于长期受到西部邻国的统治和压迫，乌克兰一直渴望获得独立，恢复基辅罗斯时期的地位。而俄罗斯也从未放弃对基辅的文化认同，因其是俄罗斯的历史源头，与此同时俄罗斯致力于东斯拉夫人的统一，强调乌克兰人和俄罗斯人是同一民族，这成为俄乌之间最深层次的矛盾。17世纪，这一矛盾在瑞典、波兰和俄罗斯之间变幻莫测的纷争中表现得淋漓尽致，并最终将俄乌推至战争的深渊。波兰统治者对乌克兰人进行了残酷的镇压，最终激起了乌克兰人的反抗，以哥萨克为首的乌克兰人试图与周边邻国合作从而摆脱波兰人的压迫，但都未能成功，最终他们决定向俄罗斯人寻求帮助，经双方协商最终于1654年3月签订了《佩列亚斯拉夫协议》，该协议的签订标志着东斯拉夫民族的重新"合并"。但仅仅几年后，俄乌之间就剑拔弩张，俄罗斯在同瑞典的战争中，与波兰达成和解，招致乌克兰的不满，而乌克兰想要夺回被波兰占据的古罗斯土地，遂与瑞典结盟，这导致了俄乌双方关系的进一步恶化。1658 年乌克兰与波兰签订了《加利奇协议》，该协议使乌克兰能够在一定程度上脱离俄罗斯获得独立地位，最终招致 1659 年俄罗斯对乌克兰发动了战争。战后，俄乌签订了新的《佩列亚斯拉夫协议》，条约规定"盖特曼及整个乌克兰从属于沙皇，不经沙皇批准不得推举盖特曼，新推举的盖特曼必须前往莫斯科觐见沙皇"，新协议的签订使乌克兰在很大程度上丧失了独立自主权。1660 年，为了争夺乌克兰土地，波兰与俄罗斯再次开战，1667 年俄罗斯与波兰签订了《安德鲁索沃条约》，乌克兰被瓜分，波兰人得到了右岸乌克兰，基辅被俄罗斯占领。20 世纪初第一次世界大战中，沙俄政府垮台，乌克兰人再次走上了寻求民族独立的道路，其结果只是重复了 3 个世纪前的历史，乌克兰再次被苏联和波兰瓜分，苏联的边界线更向西推移了，波兰只得到了东加里西亚和沃伦。第二次世界大战时乌克兰西部民族分子欲借此时机脱离苏联，然而并未能实现，最终乌克兰的全部土地统一进了苏联。在 17—20 世纪约 300 年的分分合合中，俄乌之间产生了深刻的民族裂痕，也积累了难解的历史宿怨。

第四，列宁曾说："乌克兰民族对大俄罗斯民族的不信任与愤慨情绪，已经不断积累了好几百年。"[1] 历史上俄国对乌克兰的压制与统治，侵犯了乌克兰人的生存利益，使俄罗斯人与乌克兰人之间产生了深刻的民族矛盾，这也是俄乌冲突爆发的重要历史根源。1709—1722 年，在俄国与瑞典的战争期间，乌克兰承担了 10 个军团的军需，数万名乌克兰人被强制送往北方建造拉多加河与北方新都圣彼得堡，很多人为此失去性命。1719 年，俄国开始禁止乌克兰直接向西方出口粮食，要求必须把粮食经俄国港口，并按照俄国政府的限价出售。1735 年俄土战争爆发，战

---

〔1〕 崔璨:《乌克兰危机中的民族因素探析》,山东大学硕士论文,2019 年 8 月,第 39 页。

争的主要战场在乌克兰，数万名哥萨克和乌克兰农民被派往战场，据统计，战争期间俄国共征用 15.7 万名哥萨克和 20.5 万农民，其中死亡 3.4 万人。斯大林时期全盘集体化导致的"大饥荒"给乌克兰带来了巨大灾难，数百万人被饿死，在"大清洗"中乌克兰更是重灾区。上述是造成俄乌冲突的主要因素之一。除了东斯拉夫民族自身的历史纠葛与矛盾外，美国等北约国家为了实现自身利益进行的外部干涉是俄乌冲突爆发的外在原因。

三、俄白关系剖析

与俄乌剑拔弩张的形势形成鲜明对比，同属东斯拉夫民族，俄白则保持了良好且紧密的关系，分析其中原因，对于理解东斯拉夫民族关系具有重要意义。

第一，白俄罗斯民族意识觉醒时间较晚，白俄罗斯民族认同感与乌克兰民族相比并不强烈。白俄罗斯民族名称的出现不早于 16 世纪，它的使用还要更晚一些。学界普遍认为白俄罗斯民族意识诞生于 19 世纪，直到 19 世纪末"白俄罗斯""白俄罗斯人"才被广大白俄罗斯民众使用。影响民族意识觉醒和形成的因素是多方面的，其中最重要的是民族语言、历史和宗教信仰。基辅罗斯灭亡后，白俄罗斯隶属立陶宛公国统治，1569 年，卢布林联合后，白俄罗斯成为波兰立陶宛王国的一部分，其语言、文化和宗教受到"波兰化"的冲击，上层阶级基本被"波兰化"。18 世纪末期，白俄罗斯领土被纳入俄罗斯帝国版图，这一时期白俄罗斯语言和文化又受到沙俄政策的多重压制，自身的语言和文化没有得到发展。19 世纪下半叶，尽管出现了白俄罗斯语报纸、诗集、期刊等，但白俄罗斯民族主义者推行的民族认同仅限于知识分子阶层，缺乏广泛的群众基础。上述这些因素导致白俄罗斯的民族独立性和认同感在历史上十分薄弱。

第二，白俄罗斯民族思想和身份构建认知较为模糊。19 世纪前白俄罗斯还未形成集体认同，并未建立自己民族的政治实体，因此长期以来白俄罗斯民族身份认识模糊。立陶宛大公国时期曾以古白俄罗斯语为国语，并吸纳了白俄罗斯文化，因此部分白俄罗斯人认为立陶宛公国的历史与白俄罗斯同源，历史书中对立陶宛大公国的叙述，被认作是白俄罗斯本国历史的溯源，波兰立陶宛王国历史，被解读成白俄罗斯的历史。此外，多数白俄罗斯人并不希望完全割裂与俄罗斯的历史、经济和政治联系。白俄罗斯领导人还曾多次在公开场合，以"我们是同一民族"强调白俄罗斯、俄罗斯两国在历史、文化和宗教层面的共同互融。

第三，俄白关系的发展具有相对平稳温和的特征，俄罗斯一直是白俄罗斯对外政策的重心。苏联解体后，白俄罗斯在独立后不久就加入了俄罗斯主导的独联体集体安全条约，标志着其对外政策优先方向已经向俄罗斯倾斜。在卢卡申科执掌政权后，白俄罗斯则坚定地走向了与俄罗斯一体化的进程，将本国的政治、经济与安全紧紧地同俄罗斯联系在一起。同时，由于西方对白俄罗斯的"孤立"政策，白俄罗斯的对外政策呈现出以俄罗斯为优先方向的"一边倒"特征。在处理与俄罗斯关系时，白俄罗斯作为一个主权国家，俄罗斯不是"我们"而是"他者"，而当白俄罗斯、俄罗斯同时面对作为"他者"的西方或非斯拉夫世界时，共同历史文化传统、价值观与现实利益使两国成为"我们"。

第四，白俄罗斯能源和外贸严重依赖俄罗斯。俄乌冲突升级以来，西方扩大了对白俄罗斯的制裁范围。通过采取金融封锁、制裁大型企业、限制对外物流通道、关闭市场等手段打压白俄罗斯。在此情况下，白俄罗斯对俄罗斯的依赖程度进一步加深。在经济一体化方面，继 2021 年 9 月俄白两国元首签署 28 个领域经济一体化项目文件以后，双方加快了合作步伐，成立了进口替代工作组。俄方为白方提供了 1050 亿俄罗斯卢布贷款，在圣彼得堡建设物流运输设施，帮助白方出口钾肥等货物。2022

年 12 月普京访问白俄罗斯期间，双方签订了未来三年天然气贸易协议。2023 年 2 月两国总统在会晤时表示，俄白经济一体化联盟项目完成程度已达 80%。

四、余论

剖析东斯拉夫民族"三兄弟"间的历史渊源与现实境遇，对于推动构建持续稳定的多民族国家安全、繁荣、稳定具有一定的启示意义。通过上述分析可见，民族认同、民族文化、民族意识在多民族国家构建中的重要作用。

第一，加强民族认同构建。习近平总书记在 2021 年中央民族工作会议上指出："必须以铸牢中华民族共同体意识为新时代党的民族工作的主线，推动各民族坚定对伟大祖国、中华民族、中华文化、中国共产党、中国特色社会主义的高度认同，不断推进中华民族共同体建设。"

一个民族的身份认同，体现了民族认同感、归属感，反映了民族的生命力、凝聚力，其特性一旦形成，比起政治、经济结构更不容易改变，具有极强的稳定性。因此，一个民族认同上的凝聚力对于国家的发展乃至其内部稳定有着至关重要的作用。

第二，加强民族文化构建。文化软实力不仅是综合国力的重要组成部分，而且是综合国力中的核心竞争力之一。当今时代，文化在综合国力竞争中的地位日益重要，世界大国更要确立自己的文化特点，打造特色鲜明的民族文化。文化在国家内部形成的民族凝聚力极为重要，因此需持续扩大中华文化影响，发挥传统文化潜在的意义和作用。

第三，加强民族意识构建。党的二十大指出，"意识形态工作是为国家立心、为民族立魂的工作"。一个国家必须确立一种主要的民族语言作为它的国语大力推广，以塑造国民的凝聚力和国民性，为国家的发展打下良好的思想基础，建设具有强大凝聚力和引领力的社会主义意识形态。

因此，必须持续推动加强我国的民族认同、民族文化和民族意识工作建设。坚持以人民为中心，发挥中华民族文化纽带作用，构建中华民族共同体认同。

民族性格与民族语言的相互关系

——以白俄罗斯语和白俄罗斯民族为例

北京外国语大学俄语学院　赵　鑫

语言是一个民族文化的基石，它承载着该民族的核心价值观和历史传统。通过观察一个民族语言的语法系统、词汇储备，以及该民族经典文学作品、民间口头创作，可以深入了解该民族的某些性格特征。

透过语言客观揭示一个民族的主要性格特征，对于不同民族间的跨文化交流具有重要的指导作用。

随着中国的发展崛起，中国逐步走向世界舞台中央。党的十八大后，中国特色社会主义进入新时代，世界需要听到中国声音，中国也需要与世界对话。特别是共建"一带一路"倡议、构建人类命运共同体理念提出以来，为了更好地深化交流合作，中国迫切需要加强对共建"一带一路"国家全方位的了解[1]。北京外国语大学党委常委、副校长赵刚教授在"斯拉夫国家社会与文化比较研究学术研讨会"上致辞时表示，在世

---

〔1〕　王启龙：《区域国别学十问》，载《外语教学》，2023年第2期，第12页。

界大变局的今天，区域国别学的研究，不仅要参与构建中国的世界观，同样要参与构建世界的中国观。这需要我们了解对象国的语言习惯、民族性格、民族心理……要用符合对象国语言习惯、民族性格、心理的方式讲好中国故事。

一、语言、民族与思维

语言对一个民族的重要性是无法用言语来形容的，它与民族之间的紧密联系一直是语言学家和各类学者们关注的焦点。从海德、洪堡特到博厄斯、萨丕尔、沃尔夫，这些杰出的先贤们已经为我们提供了多种视角，供我们深入思考和研究。本文将尝试在前人的基础上，进一步探讨语言作为民族的重要特征之一，是如何影响和塑造民族的，以及这种重要性的具体体现。

共同的语言是一个民族的重要标志，是民族形成的一个具体而微观的方面。语言作用于民族的内部交流、世界认知、文化储存各个方面。[1] 在分析语言和民族关系的过程中，不可避免地要涉及民族的构成单位——人的心理层面。[2] 而在这个过程中，人的思维方式则成为一个无法回避的重要因素。任朝瑞在《论语言之于民族的重要性》一文中表示，讨论语言和民族的关系，我们需要通过思维和文化来考察。心理学认为，"就其本质而言，思维是对问题或情景的内部表征（internal representation）。"[3] 思维通过运用三种基本组成单位来进行，分别是：表象（image）、概念（concept）、语言（language）。也就是说思维不能等同于语言，语言只是

---

〔1〕 任朝瑞：《论语言之于民族的重要性》，载《西安社会科学》，2010 年第 4 期，第 95 页。

〔2〕 民族作为一种社会人们共同体，一般在历史渊源、生产方式、语言、文化、风俗习惯以及心理认同方面具有共同的特征。参见金炳镐：《"民族"新证》，载《西南民族大学学报（人文社科版）》，2007 年第 1 期，第 1—6 页。

〔3〕 丁石庆：《双语族群语言文化的调适与重构》，中央民族大学博士论文，2003 年 5 月，第388 页。

思维的一部分。有时离开语言也可以运行思维，但是出于想要表达和交流，实际上每个人都力图找到恰当的词语来表达模糊的表象或者感觉[1]。

语言是观察思维的窗口。语言之间的差异核心是世界观的差异。正如德国著名语言学家洪堡特所述："每一种语言里都包含着一种独特的世界观。"因此，研究语言不仅具有语言学的意义，而且具有哲学、心理学、认识论、信息论意义[2]。

语言作为民族最基本特征之一，也是最富有民族共性的精神表现。一个民族的社会文化、历史传统、生活方式以及气质性格都可以通过语言展现出来。如洪堡特所言："民族的语言即民族的精神，民族的精神即民族的语言，二者的同一程度超过了人们的任何想象……无论我们从哪个方面入手，都可以从中推导出另一个方面。"[3]

近年来许多学者重提语言是世界观、语言中间世界等论题，重新审视萨丕尔-沃尔夫假说中所提出的语言与思维的关系等问题的理论价值及启示，并在许多方面达成了共识：我们每一个人都是通过自己的母语去认识现实世界的。这一点在白俄罗斯民族中表现非常明显。

众所周知，白俄罗斯是一个双国语国家，由于其曲折的发展历史及社会经济发展需要，白俄罗斯语并不处于日常交流、外交的主要地位。根据 2019 年人口普查结果，只有 61.2% 的人选择白俄罗斯语作为自己的母语[4]，实际生活中以白俄罗斯语作为日常交流语言的占比更低。结合

〔1〕 任朝瑞：《论语言之于民族的重要性》，载《西安社会科学》，2010 年第 4 期，第 95 页。

〔2〕 丁石庆：《双语族群语言文化的调适与重构》，中央民族大学博士论文，2003 年 5 月，第 3 页。

〔3〕 威廉·冯·洪堡特著，姚小平译：《论人类语言结构的差异及其对人类精神发展的影响》，北京：商务印书馆，2018 年版，第 52 页。

〔4〕 "Белстат：для 61,2% белорусов родной язык – белорусский"，https://www.belta.by/society/view/belstat- dlja - 612 - belorusov - rodnoj - jazyk - belorusskij - 406281 - 2020？ysclid = lzqu8ijome421102045.

白俄罗斯的历史发展进程，这一现象很好理解。但无论政治局势多么动荡，生存压力多么现实，白俄罗斯语作为一个民族语言从未消失，大量的文学作品得以保留和发扬，民族的文化得以传承，民族精神得以延续。新兴词汇一直源源不断地涌入和丰富白俄罗斯语，即便是每天只说俄语的白俄罗斯人也都在有形和无形之间深受其影响。所以，在实际交往中我们发现，纵使俄罗斯人和一些白俄罗斯人说着同一种语言——俄语，但是也有着不尽相同的价值观和行为准则。

二、民族语言对民族性格的影响和作用

白俄罗斯作为共建"一带一路"重要的国际合作伙伴之一，了解其语言习惯、民族性格、民族心理对促进中白两国交流、民心相通具有显著助益。

作为民族性格的载体，语言通常通过以下途径来影响和展现民族性格：

（一）词汇和表达方式

词汇选择的差异可以反映出一个民族对于事物的态度和价值观，不同语言中的词汇反映着该民族所关注和重视的事物。例如，某些语言中可能有丰富的词汇来描述自然环境，表达与大自然的关系；而另一些语言可能更注重社交互动和人际关系的词汇。通过选择使用不同的词汇，语言可以帮助塑造和体现民族性格。

以汉语和白俄罗斯语对比为例。在汉语中，有着十分复杂且细致的亲谓称呼，可以区分父系、母系，区分不同的辈分，区分男女……这些让西方人很难理解的词汇恰恰体现了中华民族尊重传统、重视血缘和伦理、强调家庭的价值取向和民族性格。但在白俄罗斯以小家庭为单位的理念中，亲谓称呼并不是非常重要。再比如，在白俄罗斯，虽然同俄罗斯一样，面包和盐是迎接贵宾的最高礼仪，但是白俄罗斯民族却是以喜爱土豆食品闻名。据不完全统计，白俄罗斯共有超过 200 道菜肴是用土豆制作的，与土豆相关的菜肴词汇也是大大超出其他民族，如 бульба（土豆）、дранікі（炸土豆饼）、калдуны（带馅土豆饼）、зразы（土豆肉饼）、гульбішнікі（焗土豆泥）等等。

词汇和表达方式对民族价值观的影响和体现，不仅仅在不同语系之间表现明显，在同一语系内，即便是同宗同源的相近语种之间也可以观察到不同民族性格对待同一事物的不同看法。以俄语和白俄罗斯语为例：虽然目前俄语和白俄罗斯语都是白俄罗斯的国家官方语言，且两种语言同宗同源，使用着基本同样的字母、大同小异的语法体系，但白俄罗斯语是白俄罗斯民族的民族语言，相较于用以生存的交际语言俄语，白俄罗斯语更能体现白俄罗斯人的性格特点，在表达上也更能体现出白俄罗斯人的社会价值观。如以"结婚"一词为例：俄语中结婚一词的表达为"жениться на ком""выйти замуж за кем"，其意义对应中文的"迎娶某人""嫁给某人"。根据《现代汉语词典》和《说文解字》的释义，"娶"指的是男子结婚，把女子接过来成亲，有纳入的意思。"嫁"指的是女子结婚，与"娶"相对，有"出去""跟随"的意思。俄语中前置词的使用和接格关系，同样也体现出男权社会里男强女弱、男主女次的文化观念。而在白俄罗斯语中，无论男女，表达结婚的方式都是"ажаніцца з кім"，用的连接词是"和"，表示"和谁结婚"，重视婚姻家庭中男女平等的价值观，体现出与俄罗斯人不尽相同的价值观念。再比如"狗"，"собака"泛指犬类动物的统称，这一词在俄语和白俄罗斯语中都有，都表达同样的意思，但是在俄语中，这个词是阴性，在白俄罗斯语中则是阳性，这同样也反映了对同一事物的不同理解和看法。

任朝瑞在《论语言之于民族的重要性》中指出，语言把文化进行编码后储存在所有民族个体的记忆之中，并进行传播、学习、认同，从而形成共同的民族特性。不同的语言代表着不同民族的文化，即使是英语国家如美国和英国也会在语言上发生不同，这体现在语音、词汇、语法上，这些不同正是民族性的体现，是民族文化的体现。[1]

在俄语和白俄罗斯语中这一现象也非常明显，在白俄罗斯街头常常能听到说着俄语的白俄罗斯人口中夹杂着白俄罗斯语的本土词汇，并且带着白俄罗斯语的口音，以致不是所有俄罗斯人能明白其中的含义。比如"松鼠"一词，白俄罗斯人更喜欢使用"вавёрка"，而不是俄语中的"белка"，"вавёрка"这个词是从古俄语的"ваверица"演变而来；"雷声"一词，俄罗斯人通常用"удар грома"，而白俄罗斯人更喜欢用"пярун"来表示，该词出自雷神的名字"перун"，这个和白俄罗斯的民俗节日也息息相关。还有一些词语，白俄罗斯人更常用，比如"衣服"常用"вопратка"代替俄语的"одежда"，"鞋子"常用"абутак"代替俄语的"обувь"，"果酒"常用"бырло"代替俄语的"плодово-ягодное вино"，"小巴"常用"бусик"代替俄语的"микроавтобус"，以及"吸血鬼、吸血蝙蝠"常用"крывасмок"代替俄语的"кровосос"，等等。在对外来词的吸收上，也有一些词汇是白俄罗斯语独有，俄语中没有的。如"散步"一词，白俄罗斯人会说"шпацыр"，这个词是从德语词"spazieren"进入到白俄罗斯语的，是白俄罗斯语的口语词汇，相当于俄语的"прогулка"；再比如"抽屉"一词，白俄罗斯人常说"шуфлядка"，这个词也是从德语"schublade"进入白俄罗斯语词汇的，相当于俄语的"ящик"；等等。

白俄罗斯语中一些词汇与其在俄语中拥有完全不同的意思。如"дыван"指的是"地毯"，而不是"沙发"，"沙发"在白俄罗斯语中是"канапа"；"твар"在白俄罗斯语中是"脸、面孔"的意思，而不是和

---

〔1〕 任朝瑞：《论语言之于民族的重要性》，载《西安社会科学》，2010 年第 4 期，第 95 页。

"创造、创作"有关；"люстэрка"在白俄罗斯语中是"镜子"的意思，而不是与"吊灯"相关；等等。

（二）语气和音调

语言中的语气和音调也可以传递出一个民族的情绪和性格。一些语言可能更加强调语气和音调的使用，使其更具有表达力和感染力。这可以表现出一个民族的热情、直率和开放，或者温和、内敛和谨慎的性格特点。

这一特点通过对比同一语系的俄语和白俄罗斯语更能直观展现。大部分中国人很难从口音来分辨出同样说着俄语的是俄罗斯人还是白俄罗斯人，但俄罗斯人根据口音很容易就能分辨出。俄罗斯人普遍认为，白俄罗人说俄语的时要更软。这跟白俄罗斯语中相邻软辅音同化的习惯有很大的关系。相邻软辅音同化这一语音规则，在俄语的演进过程中已经被废除，但是在白俄罗斯语中却得以保留。这一特点也使得白俄罗斯人说话听起来更加温柔、细腻。如"雪"一词，俄语是"снег [сн′эк]"，白俄罗斯语要说"снег [с′н′эх]"；俄语的"песня [п′эсн′ъ]"，在白俄罗斯语中是"песня [п′эс′н′а]"等。此外，白俄罗斯语没有非重读音节弱化现象，音节更多以开音节（即全元音音组为主），还有丰富的-а音化语音现象（即非重读音节的 о、э 都写成并且读成 а）、-я音化语音现象（重读音节前第一个音节的 е 需要写成并读成 я），以及 дзе 音化、це 音化等语音特色，使得白俄罗斯语的乐音更多，听起来更加地响亮，但温和。例如"牛奶"："молоко′"（俄语）——"малако′"（白俄罗斯语）；"主要的"："гла′вная"（俄语）——"гало′ўная"（白俄罗斯语）；"不存在"："не был"（俄语）——"ня быў"（白俄罗斯语）；"墙"："стена′"（俄语）——"сцяна′"（白俄罗斯语）；等等。这些语音特色也使得白俄罗斯人说话要更加软绵，与因历史等其他社会原因形成的忍耐、包容、与世无争、爱好和平等性格特点相结合，一起构成了白俄罗斯人区别于俄罗斯人的民族性格特色。

（三）礼貌用语和称谓

每个语言中都存在着特定的礼貌用语和称谓，它们反映了该民族对社会地位和家庭关系的重视程度。民族性格往往与社交互动方式和礼仪有密切关联，而礼貌用语和称谓的运用可以展现一个民族的尊重、谦卑或热情等性格特点。

这一范畴的现象在俄语和白俄罗斯语中是基本相同的，主要是汉语和白俄罗斯语有比较意义。

如白俄罗斯语中对待领导、长辈、陌生人等需要用表达尊敬的"您"，以及与"您"相对应的动词人称词尾，及其他相关词缀表达形式以示尊重。在白俄罗斯语和俄语的礼貌习惯中，在关系不熟的情况下，都需要用"您"来称呼彼此。如果想要变得更加亲密，在使用平语"你"前，需要征得对方的同意。特别异性相处中，用平语还是敬语，用"你"还是"您"的权利大多掌握在女性手中，男士要首先征得女士的同意才可以换成"你"。

"你好""谢谢""对不起"等礼貌词更是要时时刻刻体现在人与人交流之中，哪怕是亲密如夫妻、母子、父子等关系。而在汉语中，这种客气的表达方式在相对亲近的关系中，则会稍显奇怪，甚至表现得过于生疏，特别是在亲近的家庭成员、朋友之间。语言文化的差异在跨文化交流中，甚至跨国婚姻中影响甚大。

前文提到在汉语文化中，有着非常复杂且细致的亲戚称谓，且对待陌生人的时候，甚至初次见面，中文语境中更喜欢用"攀亲带故"的称谓来表达亲密，如"姐""哥""阿姨""叔叔"等。但是对于白俄罗斯人来说，这是很奇怪的。同样，现代汉语口语中常用的"美女""帅哥"

等表达方式，也不是白俄罗斯语惯用的社交语言，作为呼语，这两个词有调侃、开玩笑、戏谑的嫌疑，并非处处适用。为了引起对方的注意，白俄罗斯语中对陌生人的呼语一般是"дзяўчынка""малады чалавек""жанчына""мужчына"，即"姑娘""年轻人""女士""男士"等，或者可以不用任何称谓，直接以"请问"开头。需要注意的是，在这种情况下动词需要体现出"您"的词缀特点，以表达尊敬之意。非常有趣的是，如果在莫斯科对餐厅服务员喊"официант, идите сюда."（服务员，请来这儿）是不够礼貌的。而在白俄罗斯却没有这个问题。"Афіцыянт"这一带有明显服务属性的职业称呼在白俄罗斯被认为是无伤大雅的，服务员本人也不会感到不适。白俄罗斯的服务行业要比俄罗斯的服务行业更加令人感到舒适，这和他们的民族性格也有很大的关系。

在白俄罗斯语及俄语中喜欢用大量指小表爱的词汇，如"小兔子""小鸽子""小太阳""金子"等这样的词汇来表达爱意，翻译成汉语的时候，都可以翻译成"宝贝儿"一词。通过这些词汇可以反映出白俄罗斯人对大自然、小动物的热爱，以及可以看出"太阳""金子"等在白俄罗斯的价值观中属于比较珍贵的事物，所以，用这些他们珍惜、稀缺、金贵的词汇来表达对人的爱意。

在礼貌用语和称谓方面，俄语和白俄罗斯语基本相同，只存在同一意思但是词汇不同的情况，但是逻辑和习惯是一致的，这也可以体现出两个民族价值观的相近之处。

（四）口头传统和谚语

每种语言都有自己独特的口头传统和谚语，它们通过幽默、讽刺、象征等方式来传递文化、思想和价值观。口头传统和谚语中的智慧和哲理可以反映出一个民族的智慧、灵活性和创造力。

如白俄罗斯人多数都信奉东正教或天主教等宗教，因此他们的口语多与"上帝"有关，无论是表达高兴、遗憾、吃惊、懊恼等情绪，白俄罗斯人都会说一句"божа мой"（我的天呐；我的上帝），或者"Крый божа""барані бог"，意即"千万不要""可别……"，相当于俄语的"избави бог"或"не дай бог"。

无论是汉语中、还是俄语和白俄罗斯语中都有大量的谚语、俗语、成语，它们都是人民智慧的精华。在各民族语言文化中，谚语担当着重要角色。谚语是民族文化的表现形式，反映了某一民族的心态、习俗、日常生活的特点、价值观念。在内容和形式两个层面上追溯谚语的民族文化特性，在内容层面，谚语体现出俄罗斯人和白俄罗斯人民性格的普遍特征、共性和差异性，例如俄语中"Одной рукой и узла не завяжешь."（"一只手打不成绳结"，意即单枪匹马完成不了任务），白俄罗斯语中则常用"Аднымі рукамі нямнога зробіш."（一双手做不了很多事儿）。

具有民族特色的谚语还包含历史和文化信息，即直接提及历史事件、节日或民族传统。例如俄语中"Не все коту масленица, бывает и великий пост."（"猫儿也不是天天吃荤，总有大斋到来之际"，寓意生活不是每天都是节假日）；"Не все поповым ребятам Дмитриева суббота."（"对教皇的孩子们来说，不是每天都是德米特耶里娃星期六[1]"，寓意好景不长，盛筵难再）。而白俄罗斯人则说"Не за ў сягды яды як на Дзяды, Працы як у нядзелю."（饭菜不能永远像先祖日那天那样丰盛，而工作也不能总是像周日那样少）。这里的谚语虽然表达相近意思，但是里面用到的节日名称传递了不同的民族文化信息，在俄罗斯纪念先人的节日是Дмириева суббота，在白俄罗斯则是Дзяды。

此外，谚语中的词汇单位和语法形式也能反映出民族文化成分。这一点在俄罗斯谚语和白俄罗斯谚语的比较中表现得十分明显，谚语的词

---

[1] 库利科沃战役胜利后，为了缅怀阵亡将士，在每年10月18—26日之间设立了一个节日，被称为"德米特里耶娃星期六"。在为阵亡将士唱安魂曲时，教皇的孩子们会得到丰富的礼物。

汇-语法构成的变化，与其说是体裁特征需要（简短、节奏组织、意象），不如说是两个民族的民族文化特点需要。词汇-语法构成的变化成分往往是民族文化信息的载体，这首先包括非对等词汇、关键词、专有名词（人名、地名）、方言和古语。

在跨文化交流中，某些缺乏直接对应翻译的词汇往往是民族文化独特性的体现。例如，俄语中有这样一句谚语"В Тулу со своим самоваром не ездят."（去图拉不用带自己的茶炊），意指多此一举。同样，白俄罗斯语中也有类似的表述"У крыніцу не носяць вадзіцу."（去泉边不用带水），传达了相同的寓意。值得注意的是，"图拉"作为俄罗斯的一个城市，因盛产茶炊而闻名，故而有了这样的谚语。然而，这并非白俄罗斯的城市，因此在与白俄罗斯人的交往中，引用更本土化的谚语能更有效地拉近两国人民的心理距离。

众多谚语蕴含着国家城市和社会信息。俄语中，我们常听到"Москва не сразу строилась."（莫斯科不是一天建成的），以及"Язык до Киева доведет."（语言能把我们带到基辅）。而在白俄罗斯语中，则体现了白俄罗斯的城市和文化特征，如"Ад Глуска да Кракава-скрозь бяда адзінакава."（从格鲁斯科到卡拉科夫——所经历的苦难都是一样的），意味着无论你身在何处，都会遭遇同样的不幸。又如"Дзісне пан цісне."（就连住在季斯纳的地主都在剥削普通的老百姓），季斯纳是白俄罗斯维杰布斯克州的一个小城，"пан"是白俄罗斯、波兰、立陶宛等地区对地主的称呼，这句谚语表达了老百姓生活处处受到压迫、艰辛不易的境遇。此类谚语不胜枚举，均深刻反映了不同民族的文化底蕴和社会现实。

（五）社交互动方式

不同语言中社交互动方式的差异也会影响民族性格的表现。例如，一些语言更注重直接而直率的沟通方式，而另一些语言则更注重委婉和间接的表达方式。这种差异会导致不同民族在社交互动中表现出不同的性格特点，如直言不讳、坦率或温和、含蓄等。相较于俄罗斯人，白俄罗斯人在交往中更加温和，表达也更加含蓄，但建立信任关系的过程也要更加的复杂和艰难。

当然，以上途径只是了解语言作为民族性格载体的几个方面，且这些因素之间相互交织，互为影响。此外，个体差异和其他环境因素也会对个体性格的形成产生影响，语言并不是民族性格的唯一反映。

语言作为民族性格的载体，通过词汇和表达方式、语气和音调、礼貌用语和称谓、口头传统和谚语以及社交互动方式等途径来影响和展现民族性格。然而，每个人都具有独特的个性和经历，个体差异和其他因素同样重要。

民族语言对民族性格养成的影响是一个复杂而多方面的问题。语言作为人类沟通交流的工具，不仅仅是一种表达思想的方式，也反映了一个民族的文化、价值观和思维方式。

山东大学中日韩合作研究中心主任牛林杰认为，区域国别研究必须掌握对象国语言，通用语言很难深入非通用语使用国家，非通用语种专业要充分发挥自身语言和文化优势，以"一带一路"共建国家第一手语言资料为工具，获得对象国最直接最真实的信息，并作出最恰当的判断。[1] 在发挥自身语言优势的同时以整体观重构知识体系，增强紧密联系现实的应用能力。要树立平衡发展理论性与实践性的理念，促进与各国的跨文化对话和理解。

---

〔1〕《区域国别研究服务"一带一路"建设》，https://www. media. sdu. cn/info/1002/33155. htm。

本体安全视角下白俄罗斯国家叙事的构建与呈现

上海社会科学院国际问题研究所助理研究员、

华东师范大学白俄罗斯研究中心特聘研究员　张严峻

基于维护本体安全的需要，一个国家会通过构建连贯的叙事将集体的当代行为与过去的历史联系起来。苏联解体后至今，白俄罗斯多次因为身份-叙事困境而陷入本体不安全状态，为应对身份-叙事争议，近 30 年来，白俄罗斯一直致力于完整、连续的国家叙事的构建。研究白俄罗斯国家叙事的构建路径，有助于我们了解白俄罗斯人看待历史的方式，以及当政者如何通过重塑记忆与叙事，在制定和实践对外政策、维护政权合法性、凝聚社会力量、促进民族团结等方面发挥作用。这对于中国构筑中华民族共同体意识有重要的参考价值，对于推动中白在话语叙事领域的对话与合作也有重要意义。

一、本体安全与国家叙事

叙事在政治行为的构建中具有重要作用，人们创造并使用叙事来解释政治现实。一个国家需要叙事来讲述关于它的故事，回答它从哪里来，如何成为一个集体，有什么目标。这些基本回答就构成了"本体叙事"（ontological narratives），构成了一个政治行为体的自我身份的结构，创造了一个集体利益所在的世界观。英国学者菲力克斯·贝伦斯科特指出，民族国家可概念化为一个由集体叙事构成的时空体。[1]

本体安全（ontological security）原本是一个心理学概念，指相较于物质安全而言的"自我存在"的安全意识，是确保和维系国家"自我存在"稳定性和连续性的心理保障机制。[2] 杰夫·休斯曼首先将"本体安全"引入国际关系领域，并指出，出于维护安全的需要，国家会通过其行为建立起与身份相关的连续性和完整性。[3]

国家的本体安全依赖于国家身份、叙事和采取的对外行动之间的一致性，涉及国家演变中的重要事件及其他主要国家对其身份的肯定。国家的身份被记载在历史叙事中，叙事为国家的"自传"提供了辩护和连接历史过去的连续性，失去这种身份就会威胁到公民的本体安全。安东尼·吉登斯将本体安全定义为"事件的连续性和秩序感"，[4] 强调了连贯的叙事对于国家寻求本体安全的重要性。

一般而言，国家本体安全很大程度上依赖于他国对其身份的承认。但一个国家的身份不仅产生于它与外部他者的互动，而且首先产生于它自己的历史经历，即"这个国家过去是谁，现在是谁，将来想成为谁"，这种历史经历构成的叙事应该是连续的、完整的，如果这种叙事建构的身份遭受侵蚀、突然断裂或被自我否定时，就会产生对国家本体安全的威胁，国家就会陷入焦虑、恐惧等本体不安全状态。

---

〔1〕 F. Berenskoetter, "Parameters of A National Biography", *European Journal of International Relations.* Vol. 20, No. 1, 2014, pp. 262-288.

〔2〕 邢瑞磊、周灏塑：《身份认同与社会性存在：中国国家本体安全的寻求与调适》，载《国际安全研究》，2022 年第 4 期，第 32—64、158 页。

〔3〕 Jef Huysmans, "Security! What Do You Mean? From Concept to Thick Signifier", *European Journal of International Relations*, Vol. 4, No. 2, 1998, p. 242.

〔4〕 Anthony Giddens, *Modernity and Self-Identity*, Cambridge：Polity Press, 1991, p. 243.

二、本体不安全与白俄罗斯身份-叙事困境

苏联解体后至今，白俄罗斯多次因为身份-叙事困境而陷入本体不安全状态。白俄罗斯的领导层始终面临有关国家命运存续的关键问题：我们从哪里来？到哪里去？先辈们走过一条什么样的发展道路？这条道路是否正确？它对白俄罗斯的现在和未来有何经验教训和借鉴意义？如何处置那些体现过去时代的叙事和符号？如何采取措施与过去切割，或是选择承袭和延续？

苏联解体破坏了白俄罗斯自传体叙事的连贯性，由连贯叙事构建起的身份认同被侵蚀，精英内部、精英与民众之间出现了应该回归沙俄之前的白俄罗斯传统还是走西方化道路的争议。2000 年后在独联体地区颜色革命形势背景下，出现了两种对立的历史观、两个版本的民族历史，一种是强调去俄罗斯化的激进民族主义，另一种是强调苏联历史的积极意义的官方民族主义，这一阶段官方与少数的极端民族主义者在叙事上的对立较为明显。[1] 2014 年乌克兰危机对包括白俄罗斯在内的后苏联空间造成强烈冲击，一定程度上激发了白俄罗斯的民族意识。这一阶段，白俄罗斯官方主流叙事倾向于强调白俄罗斯民族的独立性和作为主权国家的历史发展进程，突出强调与欧洲文明的关联，而在一定程度上弱化与俄罗斯的联系。2020 年白俄罗斯政治危机期间，西方意识形态一度加强对白俄罗斯的渗透，包括历史记忆在内的白俄罗斯国家意识形态再次受到了强烈冲击，为了给政权提供合法性并争取俄罗斯的支持，白俄罗斯外交政策开始呈"一边倒"趋势，卢卡申科政府主导的官方叙事进一步强调与俄罗斯的关联。反对派试图引导的"去俄罗斯化"叙事，由于

---

[1] Нелли Бекус, "Не стоит питать иллюзий, что все протестующие видят будущее Беларуси одинаковым", https://reform. by/188441 - nelli - bekus - ne - stoit - pitat - illjuzij - chto - vse - protestujushhie - vidjat - budushhee - belarusi - odinakovym.

未考虑到白俄罗斯社会现实、民族发展状况以及民众的需求，并没有得到精英和民众的广泛认可。

白俄罗斯陷入身份-叙事危机困境的本质，是对于自身历史叙述的完整性和连贯性产生怀疑、难以自洽，因此维持不同历史阶段连贯性的国家叙事成为白俄罗斯维护国家本体安全的迫切需求。而在社会发生重大变迁或政治剧变时，国家极易陷入混乱，建立新的话语叙事体系尤为必要。选择什么样的历史叙事决定了白俄罗斯民族和国家发展的道路。

三、白俄罗斯国家叙事的构建与呈现

由于连贯的叙事对于国家寻求本体安全有重要作用，当国家的本体安全受到威胁时，政治精英往往诉诸国家叙事的重构，包括对集体记忆进行调用、组织、删改和重新安排。决策者往往在其行为中对国家的特定历史进行符合该共同体利益的再定位，政治精英往往会主动运用叙事这一工具，将集体的当代行为与其过去的历史联系起来。从叙事的建构方式来看，政治精英常常会选择激活某些叙事元素，同时使部分叙事元素失效，以形成一种新的叙事逻辑。根据现实政策需要，政治精英通常会在更广泛的叙事模板中激活某些特定元素，以便为其政策行为提供长期的合法性基础。同时使那些不再服务于政策目的的叙事要素失去合法性和有效性，从而减少辩论和冲突的政治空间。[1]

正因为存在激烈的身份-叙事争议，2000 年起，白俄罗斯官方开始强调作为主权国家的独立性，尤其强调国家叙事的连续性和完整性。卢卡申科在多次演讲中，对白俄罗斯国家历史进行明确的分析，描述了白俄罗斯国家形成和发展的最重要时期，并对各个历史阶段进行了客观的评估。卢卡申科政府主导的白俄罗斯国家叙事有以下重点：

---

[1] Jelena Subotić, "Narrative, ontological security, and foreign policy change", *Foreign Policy Analysis*, Vol. 12, No. 4, 2022, pp. 610-627.

　　一是重新定义国家历史的起源及重要的历史阶段，强调白俄罗斯历史的独立性、特殊性和连续性。例如，将白俄罗斯国家历史的源头追溯至9世纪波洛茨克公国和图罗夫公国时期。[1] 在卢卡申科的授意下，白俄罗斯科学院近年来集合了众多史料，以证实从瓦良格人统治基辅、诺夫哥罗德公国直到立陶宛公国甚至波兰-立陶宛联合王国时期，波洛茨克公国一直保持相对独立，且相比其他公国发展得更为完善，波洛茨克是与诺夫哥罗德、基辅齐名的古罗斯三大文明中心。[2] 这一历史新定义激活了白俄罗斯被并入大国前的记忆，赋予白俄罗斯在历史上自主、独立、有别于其他民族的形象，试图重新唤起白俄罗斯人对民族历史的自豪感。例如，白俄罗斯官方叙事曾将"1919年白俄罗斯苏维埃社会主义共和国的成立"界定为"白俄罗斯开始作为主权国家存在"，[3] 目的是给当下白俄罗斯巩固主权国家地位的行为提供合法性。值得注意的是，这段历史一直存在争议，特别是在2020年政治危机时被反对派利用而成为其试图夺权的工具，因此卢卡申科当局既不能完全支持其理念，也不能将其视为彻底的敌对面，如今的白俄罗斯官方叙事有意地将这些容易引发争议的事件进行淡化处理。

　　二是强调与俄罗斯的共同历史的正面影响。对于白俄罗斯作为苏联加盟共和国的历史，卢卡申科指出其带给白俄罗斯的积极意义，"历史上白俄罗斯土地并入俄罗斯使得白俄罗斯在经济、农业、工业领域得以

---

〔1〕 "Истоки независимости белорусского государства берут начало в седой древности – Лукашенко", https://www.belta.by/president/view/istoki – nezavisimosti – belorusskogo – gosudarstva – berut–nachalo–v–sedoj–drevnosti–lukashenko–397155–2020/? ysclid=loy01ov3cr112474163.

〔2〕 Лукашенко, "историю становления белорусского государства нужно достоверно отразить в новых учебниках. 28 февраля. 2017", http://www.belta.by/president/view/lukashenko–istoriju–stanovlenija–belorusskogo–gosudarstva–nuzhno–dostoverno–otrazit–v–novyh–uchebnikah–235365–2017.

〔3〕 "Пятикнижие тысячелетней белорусской государственности — белорусскому этносу", https://regnum.ru/article/2554500? ysclid=loxzu6qh89424914692.

崛起并实现民族复兴"。[1] 卢卡申科尤其强调苏联共同历史对白俄罗斯的意义，以及苏联人民、苏联国家的重要贡献。2022 年俄乌冲突爆发后，卢卡申科多次指出"白俄罗斯不会允许斯拉夫人的遗产和团结受到侵犯"，[2] 以强调白俄罗斯、俄罗斯两国共同捍卫民族认同、传承历史记忆、对抗西方强加的理念和价值观。

三是强化集体创伤叙事的作用。白俄罗斯民族是个多灾多难的民族，每隔一段时间就经历战争和牺牲，在多个时期处于其他帝国或其他主流文明的主导甚至打压之下。因此，政治精英试图激活历史上白俄罗斯人遭受外敌入侵的受害者叙事，通过对这些创伤历史的不断叙述，建立一种集体共识，以期激发全体白俄罗斯人的凝聚力。其中，最有代表性的是以伟大卫国战争叙事为核心塑造历史叙事，而与俄罗斯的二战叙事略有不同的是，白俄罗斯官方叙事更加强调纳粹在白俄罗斯的罪行以及白俄罗斯人的悲剧命运，例如对哈廷惨案的历史书写和纪念。在民族叙事中，集体创伤可以被英雄化和美化，共同浴血奋战的剧本可以被理解为既是悲剧又是神圣的事件。2019 年卢卡申科提出"白俄罗斯抵抗运动"这一术语，就是为了纪念白俄罗斯人民在反法西斯战争中表现出的群体性的英雄主义以及为战争胜利做出的重大牺牲。在 2020 年政治危机期间，卢卡申科政权通过伟大卫国战争叙事来对抗反对派的抗议行动，试图弥合政治危机带来的社会裂痕。

四是通过历史叙事来强化当前的安全威胁者形象。例如，白俄罗斯最新版历史教科书中，将波兰立陶宛王国时期称为"波兰人占领白俄罗

---

[1] Лукашенко，"в союзе с восточнославянскими соседями белорусские земли развивались，а в объятиях Запада почти погибали"，https：//www. sb. by/articles/lukashenko－v－soyuze－s－vostochnoslavyanskimi－sosedyami－belorusskie－zemli－razvivalis－a－v－obyatiyakh－za. html？ysclid＝loy043l0hm630792380.

[2] "Россия и Белоруссия не дадут посягать на единство славян，заявил Лукашенко"，https：//ria. ru/20231012/edinstvo－1902251189. html？ ysclid＝loy06j1p4b886836867.

斯领土”及“对白俄罗斯人的种族灭绝”,[1] 通过激活白俄罗斯人对于历史上波兰侵占白俄罗斯领土的记忆，强化波兰作为当前白俄罗斯国家安全的直接威胁者的形象，在 2022 年波兰与白俄罗斯边境难民冲突等事件中这种立场得到了展现。

在叙事的呈现方式上，当政者通常会通过集体的文化产品来实现叙事的“具象化”，最常见的就是符号重建（设立节日纪念日、纪念碑等），提出历史新概念，组织历史教科书编写等，这使得国家叙事从精英走向群众。当大量的社会行为体接受并认同某种叙事时，这种国家叙事就会成为一种无可争议的“老生常谈”，而被替代的叙事就会失去有效性和合法性。例如，将 7 月 3 日明斯克从德国法西斯占领下解放的日子设立为白俄罗斯国家独立日，这使得白俄罗斯成为后苏联国家中唯一一个将国家独立日与苏联记忆结合起来的国家，可见白俄罗斯对苏联历史的珍视和认同。2022 年白俄罗斯庆祝首个“历史记忆年”，这也是 2020 年政治危机事件后卢卡申科政府为巩固国家和民族团结所采取的重要措施，有关国家历史政策如何发展的战略问题在实际上第一次得到了系统性讨论。卢卡申科政府在维护历史真相问题上采取更为强硬的立场，包括推进相关立法，对于歪曲历史记忆的行为进行追责，对国家历史的重塑被视为其最新的国家安全战略之一。

---

[1] “Лукашенко назвал эпоху Речи Посполитой временем этноцида белорусов”, https://www.gazeta.ru/social/news/2022/01/06/17106547.shtml? ysclid=loy0d8cwzf875505446.

20 年中白科技合作领域的探索与发展亲历

南京理工大学　　江晓红

1993—2023，30 年！

光阴似箭，岁月如梭！！

愿你我以最纯的情留住往日的宁静与温柔！！！

30 年前，我怀揣梦想踏上国际列车去了白俄罗斯，广袤无垠的西伯利亚林海，如同俄罗斯风景画大师列维坦的油画铺陈在我眼前，八千里路云和月，我激动了整整五天六夜。深夜抵达莫斯科远东火车站，我拖着行李站在巴洛克风格门厅外的廊柱下，在莫斯科美丽而静谧的夜景中，一位风姿绰约穿着米黄色风衣年轻的女士向我们匆匆地走来，引导我们坐上了校车，夜以继日地把我们带往 700 千米以外的白俄罗斯戈梅利市。安德烈伊科娃是戈梅利国立大学外办秘书，后来她成为我的好朋友，一直到现在戈梅利国立大学与南京理工大学的外事活动都是她跟我联系。

次日一早，我漫步在学校附近郁郁葱葱的花园。湛蓝的天空，清新的空气，寂静的基洛夫大街，树荫下圆木垒就的木屋，苹果园里七个可爱的小矮人，顿时安抚了我远离故乡那颗忐忑不安的心。渐渐地我好像变成了置身于童话里的公主，温馨惬意。如今 30 年过去了，戈梅利已经成为我魂牵梦萦念兹在兹的第二故乡。

2000 年 5 月 23 日，我在白俄罗斯国立大学顺利通过了博士论文答辩，一个小时的现场录音至今我还保存着。答辩之后，满身轻松，我特意跑到红楼前记录了这一难忘的日子。博士学位答辩通过，标志着你即将成为一个学者，回想当时我面对着十几位教授，他们治学严谨、学养深厚、热爱科学、孜孜求索的精神，永驻我心里，砥砺我做一个真正的学者，向科学的高峰攀登。20 多年过去了，现在每当我面对自己的博士研究生，眼前始终浮现出我的两位导师普罗列科夫斯基教授和卡普茨基院士对我的指导。暑去冬来，每周我捧着实验计划、数据和论文，坐在他们办公桌旁边讨论、画图和修改。通过这几年的耳提面命，我收获的不仅是专业知识，更感悟了大师学者对科研的敬畏之心！

2000 年夏天我回国，先后在南京工业大学和南京理工大学做了博士后研究工作，2004 年至今留在南京理工大学从事教学和科研活动，20 余年来一直和白俄罗斯大学及研究机构保持着紧密的联系和合作关系。

在我答辩前夕，世界摩擦学年会在戈梅利召开。清华大学摩擦学国家重点实验室创始人金元生教授从北京赶来白俄罗斯参会，期间与白俄罗斯国立交通大学罗加切夫教授相识，回国后金教授为罗加切夫教授申请了教育部高访学者，计划邀请他来清华工作三个月。在这个历史时空，我加入了金教授和罗加切夫教授合作项目承担翻译工作。2000 年 7 月，我从白俄罗斯径直飞向北京，迈进了清华园，沐浴在朱自清荷塘月色里。随即，罗加切夫教授也飞往清华，并且小心翼翼地帮我带回了博士学位证书。现在想来，在清华的那个阶段我饱受教益，好像经历了羽化成蝶的过程。金教授强大的科研团队里那些朝气蓬勃的硕士、博士和博士后们，给了我巨大的鼓励和帮助。随着项目的深入，科研工作开阔了我的专业视野，培养了新领域兴趣，建立了为之奋斗的信心，以至于我第一站博士后出站报告的二分之一都用来总结摩擦学的科研工作。从此以后，我在金元生教授和罗加切夫教授的大力支持下，深入地延续了真空等离子体技术及表面改性技术的科研方向，在南京理工大学建立了自己的团队，引进了戈梅利国立大学自主设计和研发的多台科研设备，完善了南京理工大学真空镀膜科研和教学实验体系。

2005 年起罗加切夫教授担任戈梅利国立大学校长，在他的大力支持下，南京理工大学与戈梅利国立大学进入实质性的科学合作阶段。经过 5 年的努力，双方申请获批科技部政府间科技合作交流项目 3 项，开展科技项目联合研究和人员定期互访交流，举办科学研讨会 3 次，共同发表学术论文 26 篇。

2012 年南京理工大学与戈梅利国立大学共建了中国-白俄罗斯"真空等离子体技术"国际科学联合实验室，拓展表面工程领域基础+应用研究课题，我本人担任联合实验室的中方主任，戈梅利国立大学时任校长罗加切夫院士担任外方主任。分别成立了中方、白方及产学研研究团队，在科技部国家重点研发计划的支持下，我、戈梅利国立大学罗加切夫教授和江苏省中医院杜斌主任三方团队共同协作，针对人工关节临床存在的问题采用等离子体技术进行表面改性，探讨了薄膜成分、结构、厚度设计对植入体性能的影响，评定了其力学、摩擦学、生物相容性和抗菌性，开发了三类不同功能性复合膜的制备技术，构建了十种膜材料的制备工艺及方法，实现了复杂曲面的超润滑超耐磨涂层、载药缓释薄膜关键技术的突破和创新。其中，Ti/TiN/DLC 多层叠加膜材料、PLA 基载药复合膜的制备技术已在当地企业洽谈试制样品，进行放大实验以满足实际应用需求。同时，针对国内涂层制备设备功能单一、成本高效率低、制备面积及均匀性不够以及难以实现低温沉积和多层复合涂层制备的技术瓶颈，中白双方联合开发了电子束蒸发及等离子体辅助活化技术和沉积装置、三激发源阴极电弧等离子体涂层沉积技术及装置，具有世界先进水平。

2012—2013 年，时任南京理工大学校长王晓锋和党委书记尹群先后率团赴白俄罗斯进行访问交流。时任白俄罗斯教育部部长马斯科耶维奇分别会见了王校长和尹书记一行。校领导向部长先生详细介绍了南京理工大学学科建设、人才培养、科学研究和国际合作等情况，特别是近年来南京理工大学与戈梅利国立大学成立的中国-白俄罗斯"真空等离子体技术"国际科学联合实验室及政府间科技项目合作项目情况。部长先生高度赞扬了南京理工大学与白俄罗斯高校及研究机构的实质性合作，建议以两校之间的合作为窗口，积极寻求中白两国间校-企、企-企对接，培养高层次的专业人才，促进科技成果产业化、商业化和市场化。

2013 年 9 月，受南京理工大学邀请，时任白俄罗斯教育部部长马斯科耶维奇率领白俄罗斯院士代表团访问南京理工大学，参加了中国-白俄罗斯"真空等离子体技术"国际科学联合实验室学术委员会成立暨第一次会议，并作了精彩的学术报告，进一步夯实了南京理工大学对白俄罗斯的科技合作。期间，马斯科耶维奇部长参加了南京理工大学建校 60 周年校庆活动。在庆典大会上部长先生代表白俄罗斯教育部向南京理工大学表示最真诚的祝贺，充分肯定和高度赞扬了南京理工大学与白俄罗斯戈梅利国立大学等科研机构已经开展了近十年的卓有成效的合作，在中外大学校长论坛上就"白俄罗斯教育体制及优先政策问题"作了专题报告。时任江苏省教育厅厅长沈健会见了马斯科耶维奇一行，双方就扩大和提升教育合作交流深入交换了意见，一致认为中白国家间有着友好战略合作关系，双方愿意在教育领域加强合作，落实国家间战略合作内容，将合作范围从高等教育拓展到职业教育和基础教育等领域，推动江苏省更多相关学校与白俄罗斯学校建立友好合作关系。

南京理工大学与戈梅利国立大学长达 20 余年的良好科研合作关系及卓有成效的合作成果得到了白俄罗斯教育部和戈梅利州政府的高度肯定。

2016 年 4 月，时任戈梅利州执行委员会主席德沃尔尼克率团访问江苏省期间，特意来访了南京理工大学，提出了戈梅利国立大学与南京理工大学共建孔子学院的设想。2017 年 2 月，国家汉办批准设立戈梅利国立大学孔子学院，指定南京理工大学为中方建设单位。2017 年 12 月南京理工大学校长付梦印率团访问白俄罗斯并参加孔子学院揭牌仪式，受到了戈梅利州政府领导、白俄罗斯教育部副部长的热情会见，会谈期间双方一致认为，南京理工大学与戈梅利国立大学共建孔子学院，既是巩固两校长期科研合作的成果，更是迈向高端合作的开创之篇，立足双方历史文化和学科专业特色，共同探索并形成科技特色鲜明的办院模式，努力办出水平和影响。在进行汉语教学的同时，戈梅利国立大学孔子学院承办了以两校为主、国内多所高校参与的中白先进材料研究科技论坛，推动产学研合作，形成了"科技孔院"的特色，并在人文交流领域取得佳绩。

2019 年 5 月，由白俄罗斯驻上海总领事馆提议，南京理工大学与戈梅利国立大学共建的南京理工大学白俄罗斯研究中心正式成立，这是江苏省首家白俄罗斯研究中心，也是南京理工大学研究白俄罗斯政治、经济、科技、教育和人文的重要平台，并于 2020 年获批国家民委国别研究中心。

20 多年来，我们用实验数据交流，用图表对话，建立了平等互信的合作关系，在自主研发设备、开发新技术新工艺、培养高端人才等方面取得了丰硕的成果。截至目前中白双方合作承担了 8 项政府间科技合作项目，其中 2 项国家重点研发项目，联合发表科学论文近 140 余篇，授权专利 16 项，出版专著 2 部，组织召开国际学术研讨会 6 次，培养博士研究生 6 人，硕士研究生 39 人。罗加切夫院士先后荣获"中国政府友谊奖""金陵友谊奖""江苏省荣誉居民"和"无锡市荣誉居民"称号。我本人也被授予白俄罗斯戈梅利国立大学荣誉博士学位。

20 世纪 90 年代，我做学生的情景像如诗如画的梦常常轻盈地在我脑际萦绕。宿舍前森森的林地，基洛夫大街的寂静，天主教堂钟声的悠长，数学系大楼的端庄，还在温馨着我甜美的梦境。

我希望以此报答培养我的戈梅利国立大学和白俄罗斯国立大学，回报曾经默默帮助我的老师和朋友们，让我们共同架起中白科学文化交流之桥。让科学之光、探索精神和人文气息充满我们的一生！

后 记

　　2023 年是共建"一带一路"倡议提出十周年，也是中华人民共和国与白俄罗斯共和国建交 31 周年。白俄罗斯作为最早响应并积极参与共建"一带一路"倡议的国家之一，与中国关系发展稳定，双方高层往来频繁，政治互信不断加深，各领域合作成果丰硕。2023 年白俄罗斯总统卢卡申科两次访华，更加显示了白方希望发展同中国友好关系的强烈愿望，也体现了中白全天候全面战略伙伴关系的历久弥坚。

　　在此背景下，浙江树人学院白俄罗斯研究中心在 2022 年举办白俄罗斯国内形势与对外政策研讨会后，于 2023 年 11 月 4 日成功举办 2023 年白俄罗斯国内形势和对外关系研讨会。来自全国 12 所高校的白俄罗斯研究中心负责人以及相关科研机构的专家学者参加此次会议并作研讨发言。他们的发言拓展了研究领域，丰富了研讨内容，提升了会议质量。

　　据此，我们以此次学术研讨会发言稿为基础，又结合了中心与白俄罗斯研究相关的其他文章，编撰了这本《2023 年白俄罗斯国内形势和对外关系研讨会论文集》。同时，我们也希望以此为进一步推动白俄罗斯问题研究贡献一份绵薄之力。

　　论文集共收录文章 22 篇，内容包括"白俄罗斯形势和中白关系""中白文化教育科技等合作""关于白俄罗斯研究及其他问题"三个主题单元。本文集深入分析了 2023 年白俄罗斯国内形势和对外关系状况，着重探讨了白俄罗斯政治、经济、文化、教育、语言合作与教学研究等多方面的热点问题。

　　针对相关专题，学者们纷纷发表自己的观点。有学者认为，2023年白俄罗斯经济在政府实施刺激政策以及俄罗斯的坚定支持下，整体已呈现积极复苏态势，未来三年这种态势或将持续下去，俄白联盟也将因此进一步加强。也有学者指出，2023年中国经济增速为5.2%，远高于全球经济3%的增速。因此，中国将有能力继续对白俄罗斯和其他共建"一带一路"国家进行投资。在这种情况下，中白关系有望继续保持上升势头，并将着力发展在数字经济、绿色经济、创新发展等领域的合作。还有学者从中国企业的角度分析了近两年的突发因素给中白经济合作带来的影响与机遇，认为中白两国的经济合作有很大的上升空间。

　　从举办会议到编撰会议论文集，一路走来，我们既得到了前外交学院党委书记、前驻白俄罗斯大使崔启明的支持，也得到了中国社会科学院俄罗斯东欧中亚研究所乌克兰、白俄罗斯、摩尔多瓦和波罗的海三国研究室主任赵会荣，中国（深圳）综合开发研究院理事、中白工业园首任首席执行官胡政，华东师范大学白俄罗斯研究中心主任贝文力，中国国际问题研究院欧亚所副所长韩璐，大连理工大学独联体国家研究中心常务副主任郭淑红五位我校白俄罗斯研究中心客座教授的支持。同时，还有来自全国12所高校的白俄罗斯研究中心负责人以及相关科研机构的专家学者为本次研讨会提供了大力支持：兰州财经大学甘肃省白俄罗斯研究院中白经济研究所所长万永坤、中国现代国际关系研究院欧亚研究所助理研究员叶天乐、天津外国语大学欧洲语言文化学院副院长付美艳、兰州财经大学甘肃省白俄罗斯研究院副院长杨迎军、南京理工大学教授江晓红、天津外国语大学白俄罗斯语专业负责人郐波、北京第二外国语学院白俄罗斯研究中心主任许传华、北京外国语大学白俄罗斯研究中心主任赵鑫、上海社会科学院国际问题研究所助理研究员张严峻、南京理工大学外国语学院副教授刘丽秋、北京外国语大学俄语学院博士研究生信晓东、玉林师范学院白俄罗斯研究中心主任马丽等。在此，我们向各位专家学者表示诚挚的谢意！

同时，我们还要感谢浙江树人学院李鲁校长、章清书记、叶时平副校长对本次会议召开及论文集出版给予的关心与指导！

最后，也要感谢浙江树人学院白俄罗斯研究中心主任王宪举带领中心研究人员寿家睿博士、杨丽萍博士为本次会议召开以及论文集编撰所付出的辛勤劳动！

当前，中白关系处于历史最好时期，两国关系发展不断迈向更高层次。在这样的新形势下，我们要以白俄罗斯研究中心为平台，共同推动中国的白俄罗斯问题研究和智库交流，不断丰富交流载体、提升合作成效、深耕研究领域、创新研究成果，为推进区域国别研究作出应有的贡献。

浙江树人学院人文与外国语学院院长、
白俄罗斯研究中心常务副主任
李剑亮